Louis Léguer

DE BALZAC.

LA PEAU

DE CHAGRIN.

—

TOME DEUXIÈME.

PUBLIÉ PAR J. P. MELINE.

LA PEAU

DE CHAGRIN.

IMPRIMERIE DE H. REMY.

LA PEAU
DE CHAGRIN,

PAR

M. DE BALZAC.

TOME DEUXIÈME.

BRUXELLES,
J. P. MELINE, LIBRAIRE-ÉDITEUR.

1833.

LA FEMME SANS COEUR.

XXVI.

Le lendemain, vers midi, Pauline frappa doucement à ma porte, et m'apporta... Devine quoi?...

Une lettre de Fœdora !

La comtesse me priait de venir la prendre au Luxembourg, pour aller, de là, voir ensemble le Muséum et le Jardin des Plantes...

— Un commissionnaire attend la réponse... me dit-elle après un moment de silence.

Je griffonnai promptement une lettre de remerciement que Pauline emporta.

Je m'habillai, mais, au moment où, assez

content de moi-même, j'achevais ma toilette, un frisson glacial me saisit à cette pensée :

Fœdora est-elle venue en voiture ou à pied? Pleuvra-t-il, fera-t-il beau?

— Mais, me dis-je, qu'elle soit à pied ou en voiture, est-on jamais certain de l'esprit fantasque d'une femme?... Elle sera sans argent, et voudra peut-être donner cent sous à un petit Savoyard parce qu'il aura de jolies guenilles!..

J'étais sans un rouge liard et ne devais avoir de l'argent que le soir. Oh! comme dans ces crises de notre jeunesse, un poète paie cher la puissance cérébrale dont le hasard l'a investi!.. En un instant, mille pensées vives et douloureuses me piquèrent comme autant de dards!..

Je regardai le ciel par ma lucarne. — Le temps était fort incertain.

En cas de malheur, je pouvais bien prendre une voiture pour la journée; mais aussi, ne tremblerais-je pas à tout moment, au milieu de mon bonheur, de ne pas rencontrer, le soir, M. de Marivault?.. Je ne me sentis pas assez fort pour supporter tant de craintes au sein de ma joie.

Alors, avec la certitude de ne rien trouver, j'entrepris une grande exploration à travers ma chambre. Cherchant des écus imaginaires jusque dans les profondeurs de ma paillasse, je fouillai tout; je secouai même de vieilles bottes, et, en proie à une fièvre nerveuse, je regardais mes meubles d'un œil hagard. Aussi, comprendras-tu le délire dont je fus animé lorsqu'en ouvrant le tiroir de ma table à écrire que je visitais avec cette espèce d'indolence dans laquelle nous plonge le désespoir, — j'aperçus, — collée contre une planche latérale, — tapie sournoisement, — mais propre, brillante, lucide, comme une étoile à son lever, — une belle et noble pièce de cent sous!... Ne lui demandant pas compte de son silence, de la cruauté dont elle était coupable en se tenant ainsi cachée, je la baisai comme un ami fidèle au malheur, exact à nous consoler, et je la saluai par un cri...

Ce cri trouva de l'écho; surpris, je me retournai brusquement et vis Pauline toute pâle...

— J'ai cru, dit-elle d'une voix émue, que vous vous faisiez mal!... Le commissionnaire...

Elle s'interrompit, comme si elle étouffait.

— Mais ma mère l'a payé!... ajouta-t-elle.

Puis elle s'enfuit, enfantine et follette comme un caprice. Pauvre petite!... Je lui souhaitai mon bonheur. En ce moment, il me semblait avoir, dans l'ame, tout le plaisir de la terre, et j'aurais voulu restituer aux malheureux la part que je croyais leur voler.

Nous avons presque toujours raison dans nos pressentimens d'adversité... La comtesse avait renvoyé sa voiture.

Par un de ces caprices que les jolies femmes ne s'expliquent pas toujours à elles-mêmes, elle voulait aller au Jardin des Plantes par les boulevards et à pied.

— Mais il va pleuvoir!... lui dis-je.

Elle prit plaisir à me contredire; et, par hasard, il fit beau pendant tout le temps que nous marchâmes dans le Luxembourg; mais, quand nous sortîmes, un gros nuage, dont j'avais maintes fois épié la marche avec une secrète inquiétude, laissa tomber quelques gouttes d'eau. — Nous montâmes dans un fiacre, et lorsque nous eûmes atteint les boulevards, la pluie cessa. — Le ciel capricieux avait repris sa sérénité.

Je voulus renvoyer la voiture en arrivant au Muséum. Fœdora me pria de la garder.... Que de tortures!...

Mais causer avec elle en comprimant un secret délire qui, sans doute, se formulait sur mon visage, par quelque sourire niais et arrêté... Errer dans le Jardin des Plantes, en parcourir les allées bocagères et sentir son bras appuyé sur le mien... Il y eut dans tout cela je ne sais quoi de fantastique : c'était un rêve en plein jour.

Cependant, ses mouvemens, soit en marchant, soit en nous arrêtant, n'avaient rien de doux ni d'amoureux, malgré leur apparente volupté. Quand je cherchais à m'associer en quelque sorte à l'action de sa vie, je rencontrais en elle une intime et secrète vivacité, je ne sais quoi de saccadé, d'excentrique. Les femmes sans ame n'ont rien de moelleux dans leurs gestes. Aussi, nous n'étions unis, ni par une même volonté, ni par un même pas. Il n'existe point de mots pour rendre ce désaccord matériel de deux êtres, car nous ne sommes pas encore habitués à reconnaître une pensée dans le mouvement. Ce phénomène de notre nature se sent instinctivement, il ne s'exprime pas.

Pendant ces violens paroxismes de ma passion, reprit Raphaël après un moment de silence, et comme s'il répondait à une objection qu'il se fût faite à lui-même, je n'ai pas disséqué mes sensations, analysé mes plaisirs, ni supputé les battemens de mon cœur, comme un avare examine et pèse ses pièces d'or.... Oh! non, l'expérience jette aujourd'hui ces tristes

8   LA PEAU DE CHAGRIN.

lumières sur les événemens passés, et le souvenir m'apporte ces images, comme les flots de la mer restituent capricieusement à la grève, par un beau temps, les débris d'un naufrage.

— Vous pouvez me rendre un service assez important, me dit-elle en me regardant d'un air confus; et, après vous avoir confié mon antipathie pour l'amour, je me sens plus libre, en réclamant de vous un bon office au nom de l'amitié.... N'aurez-vous pas, reprit-elle en riant, beaucoup plus de mérite à m'obliger aujourd'hui...

Je la regardais avec douleur. N'éprouvant rien près de moi, elle était pateline et non pas affectueuse; elle me paraissait jouer un rôle en actrice consommée; puis, tout à coup son accent, un regard, un mot réveillaient mes espérances... Mais si mon amour ranimé se peignait, alors, dans mes yeux, elle en soutenait les rayons sans que la clarté des siens s'en altérât. Ils semblaient comme ceux des tigres avoir été doublés par une feuille de métal. En ces momens-là, je la détestais...

— La protection du duc de N***, dit-elle, en continuant avec des inflexions de voix pleines de câlinerie, me serait très-utile auprès d'une personne toute-puissante en Russie et dont l'intervention est nécessaire pour me faire rendre justice dans une affaire qui, tout à la fois, concerne ma fortune et mon état dans le monde. Le duc de N*** n'est-il pas votre cousin?... Une lettre de lui déciderait tout...

— Je vous appartiens, lui répondis-je. — Ordonnez...

— Vous êtes bien aimable!... reprit-elle en me serrant la main. Venez dîner avec moi, je vous dirai tout comme à un confesseur...

Cette femme si méfiante, si discrète et à laquelle personne n'avait entendu dire un mot sur ses intérêts, allait donc me consulter!...

— Oh! combien j'aime maintenant le silence que vous m'avez imposé!... m'écriais-je. Mais j'aurais voulu quelque épreuve plus rude encore!...

En ce moment, elle accueillit l'ivresse de mes regards, et ne se refusa point à mon admiration! Elle m'aimait donc!...

Nous arrivâmes chez elle, et, fort heureusement, le fond de ma bourse put satisfaire le cocher. Je passai délicieusement la journée, seul avec elle. C'était la première fois que je pouvais la voir ainsi. Jusqu'à ce jour, le monde et sa gênante politesse, et ses façons froides nous avaient toujours séparés, même pendant ses

LA PEAU DE CHAGRIN.

somptueux dîners. Mais alors, j'étais chez elle, comme si j'eusse vécu sous son toit; je la possédais pour ainsi dire; et ma vagabonde imagination, brisant les entraves, arrangeant les événemens à sa guise, me plongeait dans les délices d'un amour heureux. Me croyant son époux, je l'admirais occupée de petits détails; j'éprouvais même du bonheur à lui voir ôter son schall, son chapeau. Elle me laissa seul un moment, et revint les cheveux arrangés, charmante... Enfin, sa jolie toilette avait été faite pour moi!... Pendant le dîner, elle me prodigua ses attentions... Oh! comme elle était femme!.. Elle déployait des grâces infinies dans mille choses qui semblent des riens et qui, cependant, sont la moitié de la vie.

Quand nous fûmes tous deux devant un foyer pétillant, assis sur la soie, environnés des plus désirables créations d'un luxe oriental, et que je vis, là, si près de moi, cette femme dont la beauté célèbre faisait palpiter tant de cœurs, cette femme si difficile à conquérir, me parlant, me rendant l'objet de toutes ses coquetteries, ma voluptueuse félicité devint presque de la souffrance. Me souvenant, pour mon malheur, de l'importante affaire que je devais conclure, je voulus aller au rendez-vous qui m'avait été donné la veille.

LA FEMME SANS COEUR.

— Quoi, déjà?... dit-elle en me voyant prendre mon chapeau.

Elle m'aimait!... Je le crus, du moins, en l'entendant prononcer ces deux mots d'une voix caressante. Alors, pour prolonger mon extase, j'aurais volontiers troqué deux années de ma vie contre chacune des heures qu'elle voulait bien m'accorder. Mon bonheur s'augmenta de tout l'argent que je perdais!...

Il était minuit quand elle me renvoya.

XXVII.

Néanmoins, le lendemain, mon héroïsme me coûta bien des remords. Craignant d'avoir manqué l'affaire des mémoires, devenue si capitale pour moi, je courus chez Rastignac, et nous allâmes surprendre à son lever le titulaire de mes travaux futurs.

M. Marivault me lut un petit acte après la signature duquel il me compta cinquante écus. Il ne fut point question de ma tante, et nous déjeunâmes tous les trois.

Quand j'eus payé mon nouveau chapeau, soixante cachets de dîners à trente sous et mes dettes, il ne me resta plus que trente francs. Mais toutes les difficultés de la vie s'étaient aplanies pour quelques jours ; et, si j'avais voulu écouter Rastignac, je pouvais avoir des trésors en adoptant avec franchise le *système anglais.* Il voulait absolument m'établir un crédit et me faire faire des emprunts, prétendant que les emprunts soutiendraient le crédit. Selon lui, l'avenir était, de tous les capitaux du monde, le plus considérable et le plus solide.

En hypothéquant ainsi mes dettes, sur de futurs contingens, il donna ma pratique à son tailleur, artiste, qui, comprenant *le jeune homme,* dut me laisser tranquille jusqu'à mon mariage...

De ce jour, je rompis avec la vie monastique et studieuse que j'avais menée pendant trois ans. J'allai fort assidûment chez Fœdora, tâchant de surpasser en impertinence, les impertinens ou les héros de coterie qui s'y trouvaient ; et, croyant avoir échappé pour toujours à la misère, je recouvrai ma liberté d'esprit, j'écrasai mes rivaux, je passai pour un homme plein de séductions, prestigieux, irrésistible.

Cependant les gens habiles disaient en parlant de moi :

— Un garçon aussi spirituel ne doit avoir de passions que dans la tête !...

14 LA PEAU DE CHAGRIN.

Ils vantaient charitablement mon esprit aux dépens de ma sensibilité.

— Est-il heureux de ne pas aimer! s'écriaient-ils. S'il aimait, aurait-il autant de gaieté, de verve!...

Ah! j'étais cependant bien amoureusement stupide en présence de Fœdora! Seul evec elle, je ne savais rien lui dire; ou, si je parlais, je médisais de l'amour, j'étais tristement gai comme un courtisan qui veut cacher un cruel dépit...

Enfin, j'essayai de me rendre indispensable à sa vie, à son bonheur, à sa vanité. J'étais tous les jours près d'elle, son esclave, son jouet, sans cesse à ses ordres; et je revenais chez moi pour y travailler pendant toutes les nuits, ne dormant guères que deux ou trois heures de la matinée.

Mais n'ayant pas, comme Rastignac, l'habitude du système anglais, je me vis bientôt sans un sou. Alors, mon cher ami, fat sans bonnes fortunes, élégant sans argent, amoureux anonyme, je retombai dans cette vie précaire, dans ce froid, ce profond malheur soigneusement caché sous les trompeuses apparences du luxe, et je ressentis mes souffrances premières, mais moins aiguës; je m'étais familiarisé sans doute

avec leurs terribles crises... Souvent, les gâ-
teaux et le thé, si parcimonieusement offerts
dans les salons, étaient ma seule nourriture;
et quelquefois, les somptueux dîners de la comtesse me sustentaient pendant deux jours.

J'employai tout mon temps, mes efforts et
ma science d'observation à pénétrer plus avant
dans l'impénétrable caractère de Fœdora.

Jusqu'alors, l'espérance ou le désespoir
avaient influencé mon opinion, et je voyais
tour à tour en elle, la femme la plus aimante
ou la plus insensible de son sexe; mais ces
alternatives de joie et de tristesse devinrent
intolérables, et je voulus chercher un dénoue-
ment à cette lutte affreuse, en tuant mon
amour. De sinistres lueurs brillaient par fois
et me faisaient entrevoir des abîmes. La comtesse justifiait toutes mes craintes. Je n'avais
pas encore surpris de larmes dans ses yeux.
Au théâtre, une scène attendrissante la trouvait
froide et rieuse. Elle réservait toute sa finesse
pour elle et ne devinait ni le malheur ni le bonheur d'autrui. Enfin elle m'avait joué!... Heureux de lui faire un sacrifice, je m'étais presque
avili pour elle, en allant voir mon parent le duc
de N***, homme égoïste qui rougissait de ma
misère, et avait trop de torts envers moi pour

ne pas me haïr... Il me reçut donc avec cette froide politesse qui donne aux gestes et aux paroles l'apparence de l'insulte. Son regard inquiet excita ma pitié. J'eus honte pour lui de sa petitesse au milieu de tant de grandeur, de sa pauvreté au milieu de tant de luxe... Il me parla des pertes considérables que lui occasionait le trois pour cent. Alors, je lui dis quel était l'objet de ma visite. Le changement de ses manières qui, de glaciales, devinrent insensiblement affectueuses, me dégoûta. — Hé bien, mon ami, il vint chez la comtesse!... il m'y écrasa. Elle trouva pour lui des enchantemens, des prestiges inconnus, elle le séduisit, traita sans moi cette affaire mystérieuse dont je ne sus pas un mot. Enfin, j'avais été, pour elle, un moyen... Elle paraissait ne plus m'apercevoir quand mon cousin était chez elle, et m'acceptait alors avec moins de plaisir peut-être que le jour où je lui fus présenté. Un soir, elle m'humilia devant le duc, par un de ces gestes, par un de ces regards qu'aucune parole ne saurait peindre... Je sortis pleurant, formant mille projets de vengeance, combinant d'épouvantables viols.

Souvent je l'accompagnais aux Bouffons. Là, près d'elle, tout entier à mon amour, je la con-

LA FEMME SANS COEUR. 17

templais en me livrant au charme d'écouter la musique, épuisant mon ame dans la double jouissance d'aimer et de retrouver les mouvemens de mon cœur admirablement bien rendus par les sons. Ma passion était dans l'air, sur la scène, elle triomphait partout, excepté chez Fœdora !

Alors, cherchant sa main, j'étudiais ses traits, ses yeux et sa chaleur, sollicitant une fusion de nos sentimens, une de ces soudaines harmonies qui, réveillées par la musique, font vibrer les ames à l'unisson... Mais sa main était muette et ses yeux ne disaient rien. Quand le feu de mon cœur, s'émanant de tous mes traits, la frappait trop fortement au visage, elle me jetait ce sourire cherché, convenu, qui, phrase classique, se reproduit au Salon, dans tous les portraits. Elle n'écoutait pas la musique !... Les divines phrases de Rossini, de Cimarosa, de Zingarelli, ne lui rappelaient aucun sentiment, ne lui traduisaient aucune poésie dans sa vie ; et, son ame était aride. Elle se produisait là comme un spectacle dans le spetacle. Sa lorgnette voyageait incessamment de loge en loge. Elle était inquiète, quoique tranquille ; et, victime de la mode, sa loge, son bonnet, sa voiture, sa personne, étaient tout pour elle. Vous rencontrez souvent

II.   2.

des gens de colossale apparence dont le cœur est tendre, délicat sous un corps de bronze; mais elle, elle avait peut-être un cœur de bronze sous son enveloppe grêle et gracieuse.

Enfin, ma fatale science me déchirait bien des voiles... Malgré toute sa finesse, Fœdora laissait voir quelques vestiges de sa plébéienne origine et percer la froideur de son ame. Pour avoir ce qu'on nomme bon ton dans le monde, ne faut-il pas savoir s'oublier pour les autres? mettre dans sa voix et dans ses gestes une ineffable douceur; eh bien! chez elle, l'oubli d'elle-même était fausseté; la politesse, servitude; et, ses manières manquaient de cette aisance qui procède du cœur et que l'éducation première peut seule suppléer.

Ses paroles emmiellées étaient, pour les autres, l'expression de la bienfaisance et de la bonté; son exagération, de la chaleur, de l'enthousiasme; mais, ayant étudié ses grimaces et dépouillé l'être intérieur de cette frêle écorce dont se contente le monde, je n'étais plus dupe de ses singeries; je connaissais bien son ame de chatte; et quand un niais la complimentait, la vantait, j'avais honte pour elle... Et je l'aimais toujours!... Et rien de tout cela ne m'épouvantait!... J'espérais fondre ces glaces sous

les ailes d'un amour de poète ; et, si je pouvais,
une fois, ouvrir son cœur aux tendresses de la
femme, si je lui faisais comprendre la sublimité
des dévouemens, alors je la voyais parfaite...
Elle devenait un ange... Je l'aimais en homme,
en amant, en artiste, quand il fallait ne pas
l'aimer pour l'obtenir. Un fat bien gourmé,
calculateur, aurait triomphé, peut-être !...
Vaine, artificieuse, elle eût sans doute entendu
le langage de la vanité, se serait laissé entortil-
ler dans les piéges d'une intrigue ; elle eût été
dominée par un homme sec et froid.

Des douleurs acérées entraient jusqu'au vif
dans mon ame, quand elle me révélait naïvement son effroyable égoïsme. Je la voyais avec
douleur seule un jour dans la vie et ne sachant
à qui tendre la main, ne rencontrant pas de
regards amis où reposer les siens...

Un soir, j'eus le courage de lui peindre,
sous des couleurs chaudes et animées, sa vieillesse déserte, vide et triste. A l'aspect de cette
épouvautable vengeance de la nature trompée,
elle me répondit par un mot atroce :

— J'aurai toujours de la fortune !..... Eh
bien ! avec de l'or nous pouvons toujours créer
autour de nous les sentimens qui sont nécessaires à notre bien-être.

20 LA PEAU DE CHAGRIN.

Je me levai; je sortis foudroyé par la logique de ce luxe, de ces femmes, de ce monde dont j'étais si sottement idolâtre. Je n'aimais pas Pauline pauvre; Fœdora, riche, n'avait-elle pas le droit de repousser Raphaël?... Notre conscience est un juge infaillible, quand nous ne l'avons pas encore assassinée!...

— Fœdora, me criait une autre voix sophistique, n'aime ni ne repousse personne. Elle est libre; mais elle s'est donnée pour de l'or. Amant ou époux, le comte russe l'a possédée. Elle aura bien une tentation dans sa vie!... — Attends-la!...

Elle n'était ni vertueuse ni fautive; elle vivait loin de l'humanité, dans une sphère à elle : enfer ou paradis... Mystère femelle, vêtu de cachemire et de broderies, la comtesse mettait en jeu tous les sentimens humains dans mon cœur : orgueil, fortune, amour, curiosité.

XXVIII.

Un caprice de la mode ou cette envie de paraître original qui nous poursuit tous , avait amené la manie de vanter un petit spectacle du boulevard ; et, la comtesse ayant témoigné le désir de voir la figure enfarinée d'un acteur qui faisait les délices de quelques gens d'esprit, j'avais obtenu l'honneur de la conduire à la première représentation de je ne sais quelle mauvaise farce.

La loge coûtait à peine cent sous ; mais, je ne possédais pas un traître liard. Ayant encore

22 LA PEAU DE CHAGRIN.

un demi-volume de mes mémoires à écrire, je n'osais pas aller mendier un secours à M. Marivault; et Rastignac, ma providence, était absent.

Cette gêne constante maléficiait toute ma vie.

Une fois déjà, au sortir des Bouffons, Fœdora m'avait, par une horrible pluie, fait avancer une voiture, sans que je puisse me soustraire à son obligeance de parade. Elle n'admit aucune de mes excuses, ni mon goût pour la pluie, ni mon envie d'aller au jeu. Elle ne devinait pas mon indigence dans l'embarras de mon maintien, dans mes paroles tristement plaisantes. Mes yeux rougissaient : mais comprenait-elle un regard?... Ah! la vie des jeunes gens est soumise à de singuliers caprices!.....

Pendant le voyage, chaque tour de roue réveilla dans mon ame des pensées chaudes qui me brûlèrent le cœur; j'essayai de détacher une planche au fond de la voiture, espérant me glisser et rester sur le pavé ; puis, rencontrant des obstacles invincibles, je me pris à rire convulsivement, et demeurai dans un calme morne, hébété comme un homme au carcan.

Heureusement à mon arrivée au logis, Pauline, aux premiers mots que je balbutiai, m'interrompit en disant :

— Si vous n'avez pas de monnaie...

Ah! la musique de Rossini n'était rien auprès des paroles prononcées en ce moment par cette jeune fille.

Mais revenons aux Funambules. Pour pouvoir y conduire la comtesse, je pensai à mettre en gage le cercle d'or dont le portrait de ma mère était environné. Quoique le Mont-de-Piété se fût toujours dessiné dans ma pensée comme une des portes du bagne, il valait encore mieux y porter mon lit moi-même plutôt que de solliciter une aumône. Le regard d'un homme auquel vous demandez de l'argent fait tant de mal!... Et il y a des emprunts qui nous coûtent notre honneur, comme il y a des refus qui, dans une bouche amie, nous enlèvent une dernière illusion!...

Je trouvai Pauline travaillant toute seule. Sa mère était couchée. Jetant un regard furtif sur le lit dont les rideaux étaient légèrement relevés, je crus voir madame Gaudin profondément endormie en apercevant au milieu de l'ombre, son profil calme et jaune imprimé sur l'oreiller.

— Vous avez du souci?.... me dit Pauline en quittant son pinceau.

— Écoutez, ma pauvre enfant, lui répondis-

je en m'asseyant près d'elle, vous pouvez me
rendre un grand service.

Elle me regarda d'un air si heureux que je
tressaillis.

M'aimerait-elle?.... me dis-je en la contemplant.

— Pauline?...

Elle leva la tête et baissa les yeux. Alors je
l'examinai, pensant pouvoir lire dans son
cœur comme dans le mien, tant sa physionomie
était naïve et pure.

— Vous m'aimez? lui dis-je.

— Ah! je crois bien!.... s'écria-t-elle en
riant.

Elle ne m'aimait pas.

Son accent moqueur et la gentillesse du
geste qui lui échappa peignaient seulement une
folâtrerie de jeune fille.

Alors, je lui avouai ma détresse et l'embarras
dans lequel je me trouvais, et je la priai de
m'aider à en sortir.

— Comment, monsieur Raphaël! dit-elle,
vous ne voulez pas aller au Mont-de-Piété, et
vous m'y envoyez!...

Je rougis, confondu par la logique d'un enfant.

— Oh! j'irais bien!... dit-elle en me prenant

LA FEMME SANS COEUR. 25

la main, comme si elle eût voulu compenser par une caresse la sévérité de son exclamation; mais la course est inutile. Ce matin en faisant votre chambre, j'ai trouvé derrière le piano deux pièces de cent sous qui s'étaient glissées à votre insu entre le mur et la barre; je les ai mises sur votre table.

— Puisque vous devez bientôt recevoir de l'argent, monsieur Raphaël, me dit la bonne mère en montrant sa tête entre les rideaux, je puis bien vous prêter quelques écus en attendant...

— Oh! Pauline!... m'écriai-je en lui serrant la main, je voudrais être riche!...

— Bah! pourquoi faire?... dit-elle en secouant la tête par un geste mutin.

Sa main, tremblante dans la mienne, répondait à tous les battemens de mon cœur.

Elle retira vivement ses doigts; puis, examinant les miens :

— Vous épouserez une femme riche!..... dit-elle. Mais elle vous donnera bien du chagrin... — Ah! Dieu! elle vous tuera... J'en suis sûre...

Il y avait dans son cri une sorte de croyance aux folles superstitions qu'elle tenait de sa mère.

— Vous êtes bien crédule, Pauline !

II.   3

LA PEAU DE CHAGRIN.

— Oh! bien certainement! dit-elle en me regardant avec terreur, la femme que vous aimez vous tuera!...

Puis, elle reprit son pinceau, le trempa dans la couleur en laissant paraître une vive émotion, et ne me regarda plus. En ce moment, j'aurais bien voulu croire à des chimères!... Un homme n'est pas tout-à-fait misérable quand il est superstitieux ; une superstition est une espérance.

Retiré dans ma chambre, je vis en effet deux nobles écus dont la présence me parut inexplicable.

Au sein des pensées confuses du premier sommeil, je tâchai de vérifier mes dépenses pour me justifier cette trouvaille inespérée ; mais je m'endormis perdu en d'inutiles calculs!...

Le lendemain, Pauline vint me voir, au moment où je sortais pour aller louer la loge.

— Vous n'avez peut-être pas assez de dix francs, M. Raphaël, me dit en rougissant cette bonne et aimable fille ; ma mère m'a chargé de vous offrir cet argent. — Prenez, prenez!... ajouta-t-elle en jetant trois écus sur ma table et se sauvant.

Je la retins ; puis, séchant les larmes qui roulaient dans mes yeux :

— Pauline, lui dis-je, vous êtes un ange.... L'argent me touche bien moins que l'admirable pudeur de sentiment avec laquelle vous me l'offrez... Ah! je désirais une femme riche, élégante, titrée.... Eh bien! maintenant, je voudrais posséder des millions et rencontrer une jeune fille pauvre comme vous, et comme vous riche de cœur, je renoncerais à une passion fatale qui me tuera!... Vous aurez peut-être raison!...

— Assez! dit-elle.

Puis, elle s'enfuit en chantant, et sa voix de rossignol, ses roulades fraîches retentirent dans l'escalier.

— Est-elle heureuse de ne pas aimer encore!... me dis-je en pensant aux tortures que je souffrais depuis quelques mois.

Les quinze francs de Pauline me furent bien précieux. En partant, Fœdora, songeant aux émanations populacières de la salle où nous devions rester pendant quelques heures, regretta de ne pas avoir un bouquet. J'allai lui chercher des fleurs; je lui apportai ma vie, et toute ma fortune!.... J'eus à la fois des remords et des plaisirs, en lui donnant un bouquet dont le prix me révéla tout ce que la galanterie superficielle en usage dans le monde avait de dispendieux.

— Merci! dit-elle.

Bientôt elle se plaignit de l'odeur un peu trop forte d'un jasmin de Mexique; puis, elle éprouva un intolérable dégoût en voyant la salle, en se trouvant assise sur de dures banquettes. Elle se plaignit d'être là... Et cependant elle était près de moi.... Elle voulut s'en aller; elle s'en alla.

M'imposer des nuits sans sommeil, avoir dissipé deux mois de mon existence et ne pas lui plaire!... Ah! jamais ce démon ne fut plus gracieux et plus insensible. Pendant la route, assis près d'elle, dans un étroit coupé, je respirais son souffle, je pouvais toucher son gant parfumé, je voyais distinctement les trésors de sa beauté; je sentais une vapeur douce comme l'iris : toute la femme et point de femme.

En ce moment, un trait de lumière m'illumina cette vie mystérieuse. Je pensais tout à coup à la princesse Brambilla d'Hoffmann, à Fragoletta, capricieuses conceptions d'artiste, dignes de la statue de Polyclès. Je croyais voir ce monstre qui, tantôt officier, dompte un cheval fougueux; tantôt jeune fille, se met à sa toilette et désespère ses amans; puis, amant, désespère une vierge douce et modeste. Ne pouvant plus résoudre autrement Fœdora, je lui racontai cette histoire fantastique; mais, en elle, rien ne décela sa ressemblance avec cette poésie de l'impossible.

Elle s'en amusa de bonne foi, comme un enfant écoutant une fable des *Mille et une Nuits.*

— Alors, me disais-je en revenant chez moi, pour résister à l'amour d'un homme de mon âge, à la chaleur communicative de ce puissant fanatisme, à cette belle contagion de l'ame, Fœdora doit être gardée par quelque mystère. Peut-être, semblable à lady Delacour, est-elle dévorée par un cancer? Sa vie est sans doute une vie artificielle !

A cette pensée, j'eus froid. Mais bientôt, je formai le projet le plus extravagant et le plus raisonnable en même temps auquel un amant puisse jamais songer. Pour examiner cette femme corporellement comme je l'avais étudiée intellectuellement, pour la connaître enfin tout entière, je résolus de passer une nuit chez elle, dans sa chambre, à son insu.

Voici comment j'exécutai cette entreprise qui me dévorait l'ame et la pensée comme un désir de vengeance mord le cœur d'un moine corse.

XXIX.

Foedora réunissait, chez elle, aux jours de réception, une assemblée trop nombreuse pour qu'il fût possible au portier d'établir une balance exacte entre les sorties et les entrées. Assuré par cette réflexion de pouvoir rester dans la maison sans y causer de scandale, j'attendis impatiemment, pour accomplir mon dessein, la prochaine soirée de la comtesse.

En m'habillant, je mis dans la poche de mon gilet, un petit canif anglais, à défaut de poignard. Trouvé sur moi, cet instrument littéraire n'avait rien de suspect; et, ne sachant pas jusqu'où me conduirait ma résolution romanesque, je voulais être armé : une lame de canif doit bien aller jusqu'au cœur.

Lorsque les salons commencèrent à se remplir, j'allai dans la chambre à coucher, pour y examiner les localités. Les persiennes et les volets en étaient fermés. C'était un premier bonheur. Présumant que la femme de chambre pourrait venir pour détacher les rideaux drapés aux fenêtres, je voulus les faire tomber et lâchai les embrasses. Je risquais beaucoup en me hasardant à faire ainsi le ménage par avance; mais je m'étais soumis à tous les périls de ma situation, et les avais froidement calculés.

Vers minuit, je vins me cacher dans l'embrasure d'une fenêtre et je m'y tapis dans le coin le plus obscur. Pour ne pas laisser voir mes pieds, j'essayai de les poser sur la plinthe de la boiserie, et de me tenir en l'air le dos appuyé contre le mur en me cramponnant à l'espagnolette. Après une étude approfondie de mon équilibre, de mes points d'appui et de l'espace qui me séparait des rideaux, je parvins à me familiariser avec les difficultés de ma position. J'étais sûr de pouvoir demeurer là sans être découvert, si les crampes, la toux et les éternuemens me laissaient tranquille. Alors, pour ne

LA PEAU DE CHAGRIN.

pas me fatiguer inutilement, je me tins debout en attendant le moment critique pendant lequel je devais rester suspendu comme une araignée dans sa toile. La moire blanche et la mousseline des rideaux, formant devant moi de gros plis semblables à des tuyaux d'orgue, j'y pratiquai des trous avec mon canif et les disposai de manière à tout voir par ces espèces de meurtrières.

J'entendis vaguement le murmure des salons, les rires des causeurs, leurs éclats de voix. Ce tumulte vaporeux, cette sourde agitation diminua par degrés; puis, quelques hommes vinrent prendre leurs chapeaux, placés, près de moi, sur la commode de la comtesse. Quand ils froissaient les rideaux, je frissonnais en pensant aux distractions, aux hasards de ces recherches faites par des gens oublieux et pressés de partir... J'eus bon espoir pour le succès de mon entreprise en n'éprouvant aucun des malheurs que je craignais. Le dernier chapeau fut emporté par un vieil amoureux de Fœdora, qui, se croyant seul, regarda le lit et poussa un gros soupir, suivi de je ne sais quelle exclamation assez énergique.

Enfin la comtesse n'ayant plus autour d'elle, dans le boudoir voisin de sa chambre, que cinq ou six personnes intimes, leur proposa d'y prendre le thé.

Alors, les calomnies pour lesquelles la société actuelle a réservé le peu de croyance qui lui reste, se mêlèrent à des épigrammes, à des jugemens spirituels, au bruit des tasses et des cuillers. Rastignac était sans pitié pour mes rivaux ; et, souvent il excitait un rire franc par ses saillies.

— M. de Rastignac est un homme avec lequel il ne faut pas se brouiller!... dit en riant la comtesse.

— Je le crois... répondit-il naïvement.—J'ai toujours raison dans mes haines!... — et dans mes amitiés, ajouta-t-il. — Mes ennemis me servent autant que mes amis peut-être!.. Puis, j'ai fait une étude assez spéciale de l'idiome moderne et des artifices naturels dont on se sert pour tout attaquer et pour tout défendre. L'éloquence ministérielle est un perfectionnement social. Un de vos amis est-il sans esprit, vous parlez de sa probité, de sa franchise ; son ouvrage est-il lourd, c'est un travail consciencieux ; si le livre est mal écrit, vous en vantez les idées ; tel homme est sans foi, sans constance, vous échappe à tout moment, bah!... il est séduisant, prestigieux, il charme... S'agit-il de vos ennemis, vous leur jetez à la tête les morts et les vivans, vous renversez les termes de votre langage ; et vous êtes aussi perspicace à découvrir leurs défauts que vous êtes habile à mettre en relief les vertus de vos amis. Cette application des lois de l'optique à la vue morale est tout le secret de nos conversations, et tout l'art du courtisan. — N'en pas user, c'est vouloir combattre sans armes des gens bardés de fer comme des chevaliers bannerets. — Et — j'en use.... j'en abuse même quelquefois. — Aussi l'on me respecte, moi et mes amis...

Là dessus, un des plus fervens admirateurs de Fœdora, jeune homme dont l'impertinence était célèbre et qui s'en faisait même un moyen de parvenir, releva le gant si dédaigneusement jeté par Rastignac ; et, parlant de moi, se mit à vanter outre mesure mes talens et ma personne. Rastignac avait oublié ce genre de médisance.

Cet éloge sardonique trompa la comtesse. Elle m'immola sans pitié, abusant même de mes secrets pour faire rire ses amis de mes prétentions et de mes espérances.

— Il a de l'avenir!... dit Rastignac. Peut-être sera-t-il un jour homme à prendre de cruelles revanches..... Ses talens égalent au moins son courage.

Le profond silence qui régna parut déplaire à la comtesse :

— Du courage !... oh ! je lui en crois beaucoup !... reprit-elle. Il m'est fidèle...

Il me prit une vive tentation de me montrer soudain aux rieurs comme l'ombre de Banquo dans Macbeth.. Je perdais une maîtresse, mais j'avais un ami !...

Cependant l'amour me souffla tout à coup un de ces lâches et subtils paradoxes avec lesquels il sait endormir toutes nos douleurs.

— Si Fœdora m'aime, pensé-je, ne doit-elle pas dissimuler son affection sous une plaisanterie malicieuse ? et que de fois le cœur n'a-t-il pas démenti les mensonges de la bouche.....

Enfin, bientôt mon impertinent rival resté seul avec la comtesse voulut partir.

— Eh quoi ! déjà !... lui dit-elle avec un son de voix plein de câlineries et qui me fit palpiter. Vous ne me donnerez pas encore un moment... N'avez-vous donc plus rien à me dire, et ne me sacrifierez-vous pas quelques-uns de vos plaisirs ?...

Il s'en alla.

— Ah ! s'écria-t-elle en bâillant, ils sont tous bien ennuyeux !...

Et tirant avec force un cordon, le bruit d'une sonnette retentit dans les appartemens.

La comtesse entra dans sa chambre en fredonnant une phrase du *Pria che spunti*. Jamais personne ne l'avait entendue chanter, et ce mutisme donnait lieu à de bizarres interprétations. Elle avait, dit-on, promis à son premier amant, charmé de ses talens, et jaloux d'elle, par delà le tombeau, de ne donner à personne un bonheur qu'il voulait avoir goûté seul.

Alors je tendis les forces de mon ame pour aspirer les sons.

De note en note, la voix s'éleva. Puis, Fœdora sembla s'animer, les richesses de son gosier se déployèrent ; et., alors cette mélodie eut quelque chose de divin. La comtesse avait dans l'organe, une clarté vive, une justesse de ton, je ne sais quoi d'harmonique et de vibrant qui pénétrait, remuait et chatouillait le cœur. Les musiciennes sont presque toujours amoureuses... Ah ! celle qui chantait ainsi devait aimer... La beauté de la voix fut donc un mystère de plus dans cette femme déjà si mystérieuse. — Je la voyais alors comme je te voix. Elle paraissait s'écouter elle-même et ressentir

LA FEMME SANS COEUR. 37

une volupté qui lui fût particulière. Elle éprou-
vait comme une jouissance d'amour!... Elle
vint devant la cheminée en achevant le principal motif de ce *rondo*; mais quand elle se tut,
sa physionomie changea : ses traits se décom-
posèrent et sa figure exprima la fatigue. Elle
venait d'ôter un masque. Actrice, son rôle était
fini. Cependant l'espèce de flétrissure imprimée
à sa beauté, soit par son travail d'artiste, soit
par la lassitude de la soirée, n'était pas sans
charme.

— La voilà vraie!... me dis-je.

Elle mit, comme pour se chauffer, un pied
sur la barre de bronze qui surmontait le garde-
cendre, ôta ses gants, détacha ses bracelets,
et enleva par dessus sa tête une chaîne d'or au
bout de laquelle était suspendue sa cassolette
ornée de pierres précieuses... J'éprouvais un
plaisir indicible à voir tous ses mouvemens em-
preints de cette gentillesse dont les chattes font
preuve en se toilettant au soleil. Elle se regarda
dans la glace et dit tout haut d'un air de mauvaise humeur :

— Je n'étais pas jolie, ce soir!... Mon teint se
fane avec une effrayante rapidité! Il faudrait peut-
être me coucher plus tôt, renoncer à cette vie
dissipée... Mais Justine se moque-t-elle de moi?...

II. 4

Elle sonna de nouveau. La femme de chambre accourut. Où logeait-elle? je ne sais. Elle arriva par un escalier dérobé. J'étais curieux de la voir; car mon imagination de poète avait souvent incriminé cette invisible servante... C'était une fille brune, grande et bien faite.

— Madame a sonné?...

— Deux fois!... répondit Fœdora. Tu vas donc maintenant devenir sourde.

— J'étais à faire le lait d'amandes de Madame...

Justine s'agenouilla, défit les cothurnes des souliers, déchaussa sa maîtresse, qui, nonchalamment étendue sur un fauteuil à ressorts, au coin du feu, bâillait, ou se grattait la tête... Il n'y avait rien que de très-naturel dans tous ses mouvemens, et nul symptôme ne me révéla les souffrances secrètes que j'avais supposées.

— George est amoureux!... dit-elle, je le renverrai... N'a-t-il pas encore défait les rideaux ce soir?... A quoi pense-t-il!

A cette observation, tout mon sang reflua vers mon cœur. Heureusement il ne fut plus question des rideaux.

— Que la vie est vide!... reprit la comtesse. Ah ça! prends garde de m'égratigner comme tu l'as fait hier. Tiens, vois-tu, dit-elle en lui montrant un petit genou poli, satiné, je porte encore la marque de tes griffes.

Elle mit ses pieds nus dans des pantoufles de velours fourrées de cygne, et détacha sa robe pendant que Justine prit un peigne pour lui arranger les cheveux.

— Il faut vous marier, Madame, avoir des enfans.

— Des enfans!... Il ne me manquerait plus que cela pour m'achever!... s'écria-t-elle. Un mari!... Quel est l'homme auquel je pourrais me... — Étais-je bien coiffée ce soir?

— Mais... pas très-bien...

— Tu es une sotte.

— Rien ne vous va plus mal que de trop crêper vos cheveux... reprit Justine. Les grosses boucles bien lissées vous sont plus avanta-geuses!...

— Vraiment!...

— Mais oui, Madame, les cheveux crêpés clair ne vont bien qu'aux blondes...

— Me marier!.. oh non, non!.. Le mariage est un manége pour lequel je ne suis pas née...

Quelle épouvantable scène pour un amant! Cette femme solitaire, sans parens, sans amis, athée en amour, ne croyant à aucun sentiment;

et, si faible que fût en elle ce besoin d'épanchement cordial, naturel à toute créature humaine, réduite pour le satisfaire à causer avec sa servante, à dire des phrases sèches, ou des riens!... J'en eus pitié.

Bientôt Justine la délaça. Je la contemplai curieusement au moment où le dernier voile s'enleva. Elle avait le corsage d'une vierge..... Je fus comme ébloui. Je manquai tomber. La comtesse était adorablement belle. A travers sa chemise de batiste et à la lueur des bougies, son corps blanc et rose étincelait comme une statue d'argent qui brille sous la gaze dont un ouvrier l'a revêtue... Ah! nulle imperfection ne devait lui faire redouter les yeux furtifs de l'amour...

— Dépêche-toi donc!... dit-elle. J'ai froid.

Justine apporta un peignoir de batiste que Fœdora mit par dessus sa chemise; puis, elle s'assit devant le feu, muette et pensive, pendant que sa femme de chambre allumait la bougie de la lampe d'albâtre suspendue devant le lit. Justine alla chercher une bassinoire, prépara le lit, aida sa maîtresse à se coucher; et, après un temps assez long, mais employé par de minutieux services dont les détails multipliés accusaient la profonde vénération de

LA FEMME SANS COEUR. 41

Fœdora pour elle-même, cette fille partit enfin et je restai seul avec la comtesse.

Alors je l'écoutai se tourner plusieurs fois à droite et à gauche. Elle était agitée, soupirait, et ses lèvres laissaient échapper un léger bruit qui, perceptible à l'ouïe, dans le silence de la nuit, peignait des mouvemens d'impatience. Avançant la main vers sa table, elle y prit une fiole, versa dans son lait quelques gouttes d'une liqueur dont je ne distinguai pas l'espèce ; puis, elle but ; et, après quelques soupirs pénibles :

— Ah ! mon Dieu !... s'écria-t-elle.

Cette exclamation et surtout l'accent qu'elle y mit, me brisa le cœur...

Insensiblement elle resta sans mouvement. J'eus peur ; mais bientôt j'entendis retentir la respiration égale et forte d'une personne endormie. Alors, mettant loin de moi la soie criarde des rideaux, je quittai ma position et vins me placer au pied de son lit, en la regardant avec un sentiment indéfinissable. Elle était ravissante ainsi. Elle avait la tête sous le bras, comme un enfant, et ce joli visage enveloppé de dentelles, tranquille, possédait une suavité qui m'enflamma. Présumant trop de moi-même, je n'avais pas compris mon supplice : être si près

II. 4.

et si loin d'elle !... je fus obligé de subir toutes
les tortures que je m'étais préparées.

— *Ah! mon Dieu !...*

Cette phrase avait tout à coup changé mes
idées sur Fœdora, et je devais remporter pour
toute lumière ce lambeau d'une pensée inconnue.

Ce mot insignifiant ou profond, sans substance ou plein de mystères, pouvait s'interpré-
ter également par le bonheur et la souffrance,
par une douleur de corps, ou par des peines...
Était-ce imprécation ou prière, souvenir ou
avenir, regret ou crainte ? Il y avait toute une
vie dans cette parole ! vie d'indigence ou de
richesse... Enfin, il y tenait même un crime !..
La sachant maintenant belle et parfaite, l'é-
nigme cachée dans ce beau semblant de femme
renaissait par ce mot, mais elle pouvait maintenant être expliquée de tant de manières
qu'elle était inexplicable peut-être.

Les fantaisies du souffle qui passait entre ses
dents, tantôt faible, tantôt accentué, grave ou
léger, formaient une sorte de langage auquel
j'attribuais des pensées, des sentimens; je
rêvais avec elle; j'espérais m'initier à ses secrets
d'ame en pénétrant dans son sommeil. Je flot-
tais entre mille partis contraires, entre mille

jugemens. Enfin à voir ce beau visage, calme et pur, il me fut impossible de refuser un cœur à cette femme!... Je résolus de faire encore une tentative en lui racontant ma vie, mon amour, mes sacrifices; de réveiller en elle la pitié; de lui arracher une larme à elle qui ne pleurait jamais !...

J'avais placé toutes mes espérances dans cette dernière épreuve, quand le tapage de la rue m'annonça le jour.

Il y eut un moment où je me représentai Fœdora se réveillant dans mes bras. Je pouvais me mettre tout doucement à ses côtés, m'y glisser...

Cette idée me tyrannisa si cruellement que, pour y résister, je me sauvai dans le salon, sans prendre aucune précaution pour éviter le bruit; mais j'arrivai heureusement à une porte dérobée qui donnait sur un petit escalier.

Ainsi que je l'avais présumé, la clef se trouvait en dedans, à la serrure; alors, tirant la porte avec force, je descendis hardiment dans la cour; et, sans regarder si j'étais vu, je sautai vers la rue en trois bonds.

———

XXX.

Deux jours après, un auteur devant lire une comédie chez la comtesse, j'y allai dans l'intention d'y rester le dernier pour lui présenter une requête assez singulière. Je voulais la prier de m'accorder la soirée du lendemain, et de me la consacrer tout entière, en faisant fermer sa porte.

Quand je me trouvai seul avec elle, le cœur me faillit. Chaque battement de la pendule m'épouvantait. Il était minuit moins un quart.

— Si je ne lui parle pas, me dis-je, il faut me briser le crâne sur l'angle de la cheminée...

— Je m'accordai trois minutes de délai. Les trois minutes se passèrent et je ne me brisai pas le crâne sur le marbre ; mais mon cœur se gonflait, s'alourdissait comme une éponge dans l'eau.

— Vous êtes extrêmement aimable ?..... me dit-elle.

— Ah ! Madame !... répondis-je, si vous pouviez me comprendre !

— Qu'avez-vous ? reprit-elle, vous pâlissez...

— J'hésite à réclamer de vous une grâce.... Alors, je lui demandai le rendez-vous.

— Volontiers... dit-elle ; mais pourquoi ne me parleriez-vous pas en ce moment ?

— Pour ne pas vous tromper, je dois, Madame, vous faire apercevoir l'étendue de votre engagement. Je désire passer cette soirée près de vous comme si nous étions frère et sœur. Je connais vos antipathies ; mais vous avez pu m'apprécier assez pour être certaine que je ne veux rien de vous qui puisse vous déplaire. D'ailleurs, les audacieux ne procèdent pas ainsi. Vous m'avez témoigné de l'amitié, vous êtes bonne, pleine d'indulgence... — Eh bien ! sachez que je dois vous dire adieu, — demain...

— Ne vous rétractez pas !... m'écriai-je en la voyant prête à parler.

46   LA PEAU DE CHAGRIN.

Je disparus.

Le deux mai dernier, vers huit heures du soir, je me trouvais seul avec Fœdora, dans son boudoir gothique. Alors je ne tremblai pas; j'étais sûr d'être heureux : ma maîtresse devait m'appartenir, ou sinon, je m'étais promis de me réfugier dans les bras de la mort. J'avais condamné mon lâche amour; et, un homme est bien fort quand il s'avoue sa faiblesse.

Vêtue d'une robe de cachemire bleu, la comtesse était étendue sur un divan, les pieds soutenus par un coussin. Portant un béret oriental, coiffure que les peintres attribuent aux premiers Hébreux, elle avait ajouté je ne sais quel piquant attrait d'étrangeté à ses séduc-tions... Sa figure était empreinte d'un charme fugitif qui semblait prouver que nous sommes à chaque instant des êtres nouveaux, uniques, sans aucune similitude avec le *nous* de l'avenir et du passé. Je ne l'avais jamais vue aussi écla-tante de beauté.

— Savez-vous, dit-elle en riant, que vous avez piqué ma curiosité?...

— Je ne la tromperai point!... répondis-je froidement.

Je m'assis près d'elle; et, lui prenant une main qu'elle m'abandonna très-amicalement :

LA FEMME SANS COEUR. 47

— Vous avez une bien belle voix! lui dis-je.
Elle pâlit.

— Vous ne m'avez jamais entendue!... s'é-
cria-t-elle.

— Je vous prouverai le contraire quand cela
sera nécessaire. — Votre chant délicieux est-il
encore un mystère!..... Rassurez-vous! Je ne
veux pas le pénétrer...

Nous restâmes environ une heure à causer
familièrement. Si je pris le ton, les manières
et les gestes d'un homme auquel Fœdora ne
devait rien refuser; j'eus aussi tout le respect
d'un amant. En jouant ainsi, j'obtins la faveur
de lui baiser la main, elle se déganta par un
mouvement mignon, et j'étais alors si voluptueusement enfoncé dans l'illusion à laquelle je
voulais croire que mon ame se fondit, s'épan-
cha tout entière dans ce baiser. Fœdora se laissa
flatter, caresser avec un incroyable abandon;
mais — ne m'accuse pas de niaiserie!... Si
j'avais voulu faire un pas au delà de cette
câlinerie fraternelle, j'eusse senti les griffes de
la chatte.

Nous restâmes dix minutes environ, plongés
dans un profond silence. Je l'admirais, lui prê-
tant des charmes auxquels elle mentait. En ce
moment, elle était à moi, à moi seul. Alors,

je possédai cette ravissante créature, comme il était permis de la posséder — intuitivement. Je l'enveloppais dans mon désir, je la tenais, je la serrais, et mon imagination l'épousa. Certes alors, je vainquis sans doute la comtesse par la puissance d'une fascination magnétique; et j'ai toujours regretté de ne pas m'être entièrement soumis cette femme. En ce moment, je n'en voulais pas à son corps!... Il me fallait une ame!... une vie! ce bonheur idéal et complet, ce beau rêve auquel nous ne croyons pas long-temps!...

Cependant la soirée s'avançait.

— Fœdora, lui dis-je enfin, en sentant que la dernière heure de mon ivresse était arrivée. Écoutez-moi!...

Je vous aime, vous le savez, je vous l'ai dit mille fois! — Vous auriez dû m'entendre; — mais, ne voulant devoir votre amour ni à des grâces de fat, ni à des flatteries de coiffeur ou à des importunités! vous ne m'avez pas compris.

— Que de maux j'ai soufferts pour vous et dont, cependant, vous êtes innocente! — mais dans quelques momens vous me jugerez...

Il y a deux misères, Madame!...—Celle qui va effrontément par les rues, en haillons; qui recommence Diogène, sans le savoir; se nourrissant de peu, réduisant la vie au simple; heureuse... plus que la richesse peut-être, insouciante du moins; et prenant le monde, là où les puissans n'en veulent plus... Puis la misère du luxe, — une misère espagnole qui cache la mendicité sous un titre. Elle est fière, emplumée, elle a des carrosses. C'est la misère en gilet blanc, en gants jaunes, et qui perd une fortune, faute d'un centime. L'une est la misère du peuple, l'autre celle des escrocs, des rois et des gens de talent. Je ne suis ni peuple, ni roi, ni escroc, et peut-être n'ai-je pas de talent!... Ainsi je suis une exception. Mon nom m'ordonne peut-être de mourir plutôt que de mendier.

Rassurez-vous, Madame... Je suis riche aujourd'hui!... Je possède de la terre, tout ce qu'il m'en faut, lui dis-je en voyant sa physionomie prendre la froide expression qui se peint dans nos traits quand nous sommes surpris par des quêteuses de bonne compagnie.

Vous souvenez-vous du jour où vous avez voulu venir au Gymnase sans moi, croyant que je ne m'y trouverais pas?...

Elle fit un signe de tête affirmatif.

— J'avais employé mon dernier écu pour aller vous y voir. — Vous rappelez-vous la pro-

LA PEAU DE CHAGRIN.

menade que nous fîmes au Jardin des Plantes?..
— Votre voiture me coûta toute ma fortune!

Là, je lui racontai mes sacrifices, je lui peignis ma vie, non pas comme je te la raconte aujourd'hui dans l'ivresse du vin, mais dans une noble ivresse de cœur. Ma passion déborda par des mots flamboyans, par des traits de sentiment que, depuis, j'ai oubliés; et qu'aucun art, que le souvenir lui-même ne saurait reproduire. Ce ne fut pas la narration sans chaleur d'un amour détesté; non, mon amour dans sa force et dans la beauté de son espérance, mon amour exalté m'inspira ces paroles qui projettent toute une vie, ces cris d'une ame vivement déchirée; et mon accent fut celui des dernières prières faites par un mourant sur le champ de bataille.

Elle pleura!... je m'arrêtai.

Grand Dieu!... ses larmes étaient le fruit de cette émotion factice, achetée cent sous à la porte d'un théâtre.

— Si j'avais su... dit-elle.

— N'achevez pas, m'écriai-je. Je vous aime encore assez en ce moment pour vous tuer...

Elle voulut saisir le cordon de la sonnette.

J'éclatai de rire.

— N'appelez pas, repris-je. Je vous laisserai

paisiblement achever votre vie ; car ce serait
mal entendre la haine que de vous tuer !... Non,
non, ne craignez pas de violence. — J'ai passé
toute une nuit au pied de votre lit.

— Monsieur !... dit-elle en rougissant.

Après ce premier mouvement donné au peu
de pudeur que peut avoir une femme insensible, elle me jeta un regard fauve et me dit :

— Vous avez dû avoir bien froid ?...

— Croyez-vous, Fœdora, que votre beauté
me soit si précieuse !... lui répondis-je en devinant toutes les pensées qui l'agitaient. Elle
était, pour moi, la promesse d'une ame plus
belle encore que vous n'êtes belle !... — Eh!
Madame, les hommes qui ne voient que la femme
dans une femme, peuvent acheter des odalis-
ques dignes du sérail et se rendre heureux à
bas prix ! Ah ! j'étais ambitieux, je voulais vivre
de cœur à cœur avec vous, mais vous n'avez pas
de cœur... Oh ! je le sais maintenant. — Si vous
deviez être à un homme je l'assassinerais....
Mais non, vous l'aimeriez !... et sa mort vous
ferait trop de peine ! — Oh ! que je souffre !...
m'écriai-je.

Si cela peut vous consoler... dit-elle en riant,
je puis vous assurer que jamais personne...

— Alors, repris-je en l'interrompant, vous

insultez à Dieu même, et vous en serez punie!...
Un jour, couchée peut-être, sur un divan, ne
pouvant supporter, ni le bruit, ni la lumière,
condamnée à vivre dans une sorte de tombe,
vous souffrirez des maux inouïs... Quand vous
chercherez la cause de vos lentes et vengeresses
douleurs, alors, souvenez-vous des malheurs
que vous avez si largement jetés sur votre passage! Ayant semé partout des imprécations,
vous trouverez la haine au retour... Nous sommes les propres juges, les bourreaux d'une
Justice qui règne ici bas, et marche au-dessus
de celle des hommes, au-dessous de celle de
Dieu...

— Ah, ah! dit-elle en riant. Je suis sans doute
bien criminelle de ne pas vous aimer... Est-ce
ma faute?... Eh bien, non, je ne vous aime
pas! Vous êtes un homme, cela suffit... Je me
trouve heureuse d'être seule... pourquoi chan-
gerais-je ma vie... — égoïste si vous voulez...
— contre les caprices d'un maître?... Le mariage est un sacrement en vertu duquel nous
ne nous communiquons que des chagrins... Puis,
les enfans m'ennuieraient... — Ah! ah! je vous
ai loyalement prévenue de mon caractère...
Pourquoi ne vous êtes-vous pas contenté de
mon amitié? Je voudrais pouvoir vous consoler

LA FEMME SANS COEUR. 53

des peines que je vous ai causées en ne devinant pas le compte de vos petits écus... J'apprécie l'étendue de vos sacrifices... Il n'y a que l'amour qui puisse payer votre dévouement, votre délicatesse... mais je ne vous aime pas, et toute cette scène m'affecte désagréablement.

— Je sens combien je suis ridicule... lui dis-je avec douceur... Pardonnez-moi.

Je ne pus retenir mes larmes...

— Je vous aime assez pour écouter avec délices les cruelles paroles que vous prononcez.. Oh! je voudrais pouvoir signer mon amour, de tout mon sang...

— Tous les hommes nous disent plus ou moins bien ces phrases classiques!... reprit-elle en riant. Mais il paraît qu'il est très-difficile de mourir à nos pieds, car je rencontre de ces morts-là partout... Il est minuit, je vous prie de me laisser coucher...

— Et dans deux heures vous direz : *Ah! mon Dieu!...*

Elle se prit à rire.

— Avant-hier!... — Oui... — Je pensais à mon agent de change. J'avais oublié de lui faire convertir mes rentes de *cinq* en *trois*... Et, dans la journée, le *trois* avait baissé...

Je la contemplais d'un œil étincelant de rage.

54 LA PEAU DE CHAGRIN.

Ah! quelquefois un crime peut être tout un poème!... Alors, je l'ai compris.

Elle riait.

Familiarisée sans doute avec les déclarations les plus passionnées, elle avait déjà oublié mes larmes et mes paroles.

— Épouseriez-vous un pair de France?... lui demandai-je froidement.

— Peut-être, s'il était du*'* .

Je pris mon chapeau, je la saluai.

— Permettez-moi, dit-elle, de vous accompagner jusqu'à la porte de mon appartement...

Il y avait une ironie perçante dans son geste, dans la pose de sa tête, dans son accent.

— Fœdora...

— Monsieur...

— Je ne vous verrai plus!...

— Je l'espère... répondit-elle en inclinant la tête avec une impertinente expression.

— Vous voulez être duchesse?... repris-je animé par une sorte de frénésie que son geste alluma dans mon cœur. Vous êtes folle de titres et d'honneurs? eh bien! laissez-vous seulement aimer par moi? Permettez à ma plume de ne parler, à ma voix de ne retentir que pour vous?... Soyez le principe secret de ma vie, soyez mon étoile!... Puis, ne m'acceptez pour

LA FEMME SANS COEUR.

époux que ministre, pair de France, duc... Je me ferai tout ce que vous voudrez que je sois !..

— Vous avez, dit-elle en souriant, assez bien employé votre temps chez l'avoué !... Vos plaidoyers ont de la chaleur...

— Tu as le présent !... m'écriai-je, et moi l'avenir !.. Je ne perds qu'une femme et tu perds un nom, une famille. — Le temps est gros de ma vengeance. — Tu rencontreras la laideur, là où je trouverai la gloire !...

— Merci de la péroraison !... dit-elle en retenant un bâillement et témoignant par son attitude le désir de ne me plus voir.

Ce mot m'imposa silence. — Je lui jetai ma haine dans un regard et je m'enfuis, aimant toujours cette horrible femme.

XXXI.

Il fallait oublier Fœdora, me guérir de ma folie, reprendre ma studieuse solitude, ou mourir. Alors je m'imposai des travaux exorbitans, je voulus achever mes ouvrages; et, pendant quinze jours je ne sortis pas de ma mansarde, consumant les nuits en de pâles et tristes études... Mais, malgré mon courage et les inspirations de mon désespoir, je travaillais difficilement et par saccades : la muse avait fui. Je ne pouvais chasser le fantôme brillant et moqueur de Fœdora. Chacune de mes pensées couvait une autre pensée maladive, un désir, terrible comme un remords.— Aussi, j'imitai les anachorètes de la Thébaïde : je mangeais peu ; sans prier comme eux, comme eux, je vivais dans un désert, creusant mon ame au lieu de creuser un rocher ; enfin, je me serais au besoin serré les reins avec une ceinture armée de pointes, afin de dompter la douleur morale, par une douleur physique.

Un soir, Pauline pénétra dans ma chambre ; et, d'une voix suppliante :

— Vous vous tuez, me dit-elle, vous devriez sortir, aller voir vos amis...

— Ah ! Pauline ! votre prédiction était vraie !.. la comtesse Fœdora me tue... je veux mourir... la vie m'est insupportable...

— Il n'y a donc qu'une femme dans le monde?.. dit-elle en souriant. — Pourquoi mettez-vous des peines infinies dans une vie si courte...

Je regardais Pauline avec stupeur... Elle me laissa seule.... Je ne m'étais pas aperçu de sa retraite... J'avais entendu sa voix, sans comprendre le sens de ses paroles.

Cependant je fus obligé de porter le manuscrit de mes mémoires à mon entrepreneur de littérature. Préoccupé par ma passion, j'ignorais comment j'avais pu vivre sans argent, je savais seulement que les quatre cent cinquante francs

qui m'étaient dus suffiraient à payer mes dettes...
j'allai donc les chercher.

Ce jour-là, je rencontrai Rastignac.

Il me trouva changé, maigri.

— De quel hôpital sors-tu? me dit-il.

— Cette femme me tue... répondis-je ; je ne
puis ni la mépriser, ni l'oublier.

— Il vaut mieux la tuer... Tu n'y songeras
peut-être plus !... s'écria-t-il en riant.

— J'y ai bien pensé ! répondis-je. Mais si parfois, je rafraîchis mon ame par l'idée d'un
crime, viol ou assassinat, et les deux ensemble
même... Je me trouve incapable de le commet-
tre en réalité... La comtesse est un admirable
monstre... — Puis, elle demanderait grâce !..

— Elle est comme toutes les femmes que
nous ne pouvons pas avoir ! dit Rastignac en
m'interrompant.

— Je suis fou, m'écriai-je. Je sens la folie
à la porte de mon cerveau. Elle rugit par momens. Alors, mes idées sont comme des êtres,
elles dansent, et je ne puis les saisir... Je pré-
fère la mort à cette vie, et je cherche avec
conscience le meilleur moyen de terminer
cette lutte. Il ne s'agit plus de la Fœdora vivante, de la Fœdora du faubourg Saint-Honoré,
mais de ma Fœdora, de celle qui est là !.. dis-

je en me frappant le front. Que penses-tu de l'opium ?...

— Bah! des souffrances atroces !.. répondit Rastignac.

— L'asphyxie ?...

— Canaille...

— La Seine ?..

— Les filets et la Morgue sont sales et hideux.

— Un coup de pistolet ?

— Et si tu te manques ?

Écoute ! J'ai, comme tous les jeunes gens, médité sur les suicides. Qui de nous ne s'est pas, dans sa vie, tué deux ou trois fois !... Je n'ai rien trouvé de mieux que d'user l'existence par le plaisir... Plonge-toi dans une dissolution profonde !... ta passion, ou toi, vous y périrez. L'intempérance, mon cher, est la reine de toutes les morts !..... Ne commande-t-elle pas à l'apoplexie foudroyante ?.. Or, l'apoplexie est un coup de pistolet qui ne nous manque pas ! Les orgies nous prodiguent tous les plaisirs physiques...... N'est-ce pas l'opium en petite monnaie, l'opium matérialisé ?.... En nous forçant de boire à outrance, la débauche porte de mortels défis au vin. Or, le tonneau de Malvoisie du duc de Clarence a meilleur goût que les bourbes de la Seine. Enfin, quand

nous tombons noblement sous la table, n'est-ce pas une petite asphyxie périodique ?.....
Puis si la patrouille nous ramasse, en restant étendus sur les lits froids des corps-de-garde, ne jouissons-nous pas des plaisirs de la Morgue, moins les ventres enflés, turgides, bleus et verts ?...

— Ah! ah! reprit-il, ce long suicide n'est pas une mort d'épicier en faillite... Les négocians ont déshonoré la rivière !.... Maintenant ils se jettent à l'eau par spéculation et pour attendrir leurs créanciers... Moi, je tâcherais de mourir avec élégance. — Si tu veux créer un nouveau genre de mort en te débattant ainsi contre la vie, je suis ton second. Je m'ennuie ; je suis désappointé... Ma veuve me fait, du plaisir, un vrai bagne. D'ailleurs, j'ai découvert qu'elle a six doigts au pied gauche. Je ne puis pas vivre avec une femme qui a six doigts. Cela se saurait et je deviendrais ridicule !... Puis, elle n'a que dix-huit mille livres de rente : sa fortune diminue et ses doigts augmentent !... Au diable !... En menant cette vie enragée, nous trouverons peut-être le bonheur par hasard.

Rastignac m'entraîna. Ce projet faisait briller de trop fortes séductions et peut-être aussi

LA FEMME SANS COEUR.

quelques dernières espérances ; il avait une couleur trop poétique pour ne pas plaire à un poète.

— Et de l'argent !... lui dis-je.

—N'as-tu pas quatre cent cinquante francs ?..

— Oui, mais je dois à mon tailleur, à mon hôtesse.

— Tu paies ton tailleur !.. Tu ne seras jamais rien, — pas même ministre.

—. Mais que pouvons-nous faire avec vingt louis ?...

— Aller au jeu.

Je frissonnai.

— Ah ! reprit-il en s'apercevant de ma pruderie, tu veux te lancer dans ce que je nomme le *Système dissipationnel*, et tu as peur d'un tapis vert !...

— Écoute, lui répondis-je, j'ai promis à mon père de ne jamais mettre le pied dans une maison de jeu. — Non-seulement cette promesse est sacrée ; mais j'éprouve même une sorte d'horreur invincible en passant devant un tripot..... Vas-y seul !..... Voilà cent écus. Pendant que tu risqueras toute notre fortune, j'irai mettre mes affaires en ordre, et je reviendrai t'attendre chez toi.

Voilà, mon cher, comment je me perdis. Il

62 LA PEAU DE CHAGRIN.

suffit à un jeune homme de rencontrer une femme qui ne l'aime pas, ou une femme qui l'aime trop pour que toute sa vie soit dérangée!.. Le bonheur engloutit toutes nos forces, comme le malheur éteint nos vertus !

Revenu à mon hôtel Saint-Quentin, je contemplai long-temps la mansarde où j'avais mené la vie chaste d'un savant, une vie qui aurait été peut-être honorable, longue, et que je n'aurais pas dû quitter pour la vie passionnée qui m'entraînait dans un gouffre.

Pauline me surprit dans une attitude mélancolique, et cette douce fille, ce génie familier, cet ange gardien me regarda silencieusement.

— Eh bien ! dit-elle. Qu'avez-vous?...

Je me levai froidement, je comptai l'argent que je devais à sa mère en y ajoutant le prix de mon loyer pour six mois...

Elle m'examinait avec une sorte de terreur.

— Je vous quitte, ma pauvre Pauline...

— Je l'ai deviné ! s'écria-t-elle.

— Écoutez, ma chère enfant : je ne renonce pas à revenir ici... Gardez-moi ma cellule pendant une demi-année. Si je ne suis pas de retour vers le 15 novembre, alors, Pauline, vous hériterez de moi. Ce manuscrit cacheté, dis-je en lui montrant un paquet de papiers, est la copie de mon grand ouvrage sur *la Volonté*. Vous le déposerez à la bibliothèque du Roi. Quant à tout ce que je laisse ici... vous en ferez ce que vous voudrez...

Elle me jetait des regards qui pesaient sur mon cœur. Pauline était là comme une conscience vivante...

— Je n'aurai plus de leçons !.... dit-elle en me montrant le piano.

Je ne répondis pas.

— M'écrirez-vous ?

— Adieu, Pauline...

Je l'attirai doucement à moi ; puis, sur son front d'amour, et vierge comme la neige qui n'a pas touché terre, je mis un baiser de frère, un baiser de vieillard.

Elle se sauva.

Je ne voulus pas voir madame Gaudin. Je mis ma clef à sa place habituelle et je partis.

En quittant la rue de Cluny, j'entendis derrière moi le pas léger d'une femme.

— Tenez, me dit Pauline, je vous avais brodé cette bourse : la refuserez-vous aussi?...

Croyant apercevoir, à la lueur du réverbère, une larme dans les yeux de Pauline, je soupirai.

64 LA PEAU DE CHAGRIN.

Alors, poussés tous deux par la même pensée peut-être, nous nous séparâmes avec l'empressement de gens qui auraient voulu fuir la peste...

XXXII.

La vie de dissipation à laquelle je me vouais apparaissait devant moi bizarrement exprimée par la chambre où j'attendais, avec une noble insouciance, le retour de Rastignac.

Au milieu de la cheminée s'élevait une pendule surmontée d'une admirable Vénus accroupie sur sa tortue; mais elle tenait entre ses bras un cigare à demi consumé. Des meubles élégans, présens de l'amour, étaient épars, sans ordre. De vieilles chaussettes traînaient sur un voluptueux divan. Le délicieux fauteuil à res-

sorts dans lequel j'étais plongé portait des cica-
trices comme un vieux soldat, offrant aux regards
ses bras déchirés, et montrant incrustées sur son
dosier la pommade, l'huile antiques de toutes
les têtes d'amis...L'opulence et la misère s'accou-
plaient naïvement dans le lit, sur les murs, partout. Vous eussiez dit les palais de Naples bordés
de lazzaroni.

C'était une chambre de joueur ou de mauvais
sujet, dont le luxe est tout personnel, vivant
de sensations, et qui, des incohérences, ne se
soucie guère... Il y avait de la poésie dans ce
tableau. La vie s'y dressait avec ses paillettes et
ses haillons.... toute soudaine, incomplète,
comme elle est réellement, mais vive, mais
fantasque, espèce de halte où le maraudeur a
pillé sa joie.

Là, un Byron auquel manquaient des pages,
avait allumé la falourde du jeune homme, qui
risque au jeu cent francs et n'a pas une bûche,
qui court en tilbury sans posséder une chemise
saine et valide.... Puis, le lendemain, une
comtesse, une actrice ou l'écarté lui donnent
un trousseau de roi. Ici, la bougie était fichée
dans le fourreau vert d'un briquet phosphori-
que... Vie riche d'oppositions, et à laquelle il
est peut-être difficile de renoncer, parce qu'elle

LA FEMME SANS COEUR.

a d'irrésistibles attraits : c'est la guerre en temps de paix...

J'étais presque assoupi quand, d'un coup de pied, Rastignac, enfonçant la porte de sa chambre, s'écria :

— Victoire !.... victoire !.... nous pourrons mourir à notre aise !

Il me montra son chapeau plein d'or !... Il le mit sur sa table, et nous dansâmes comme deux Cannibales, hurlant, trépignant, sautant, nous donnant des coups de poing à tuer un rhinocéros, et chantant à l'aspect de tous les plaisirs du monde contenus— dans un chapeau !...

— Douze mille francs !... répétait Rastignac en ajoutant quelques billets de banque à notre tas d'or ; à d'autres , cet argent suffirait pour vivre ; mais nous suffira-t-il pour mourir !.... Oh ! oui ! nous expirerons dans un bain d'or !.. Hourra !...

Et nous cabriolâmes derechef. Enfin nous partageâmes en frères , pièce à pièce, en commençant par les doubles napoléons , allant des grosses pièces aux petites, et distillant notre joie , en disant long-temps :

A toi... — A moi...

— Oh ! nous ne dormirons pas !.... s'écria Rastignac. Joseph , du punch !

68 LA PEAU DE CHAGRIN.

Et jetant de l'or à son fidèle domestique :
— Voilà ta part!... dit-il.

Le lendemain, j'achetai des meubles chez Lesage, je louai l'appartement où tu m'as connu, rue Taitbout, et je chargeai le meilleur tapissier de le décorer. J'eus une voiture et des chevaux. Alors je me lançai dans un tourbillon de plaisirs creux et réels tout à la fois.... Je jouais, je gagnais et perdais, mais au bal, chez nos amis, jamais dans les maisons de jeu, pour lesquelles je conservai ma sainte et primitive horreur.

Insensiblement je me fis des amis. Je dus leur attachement soit à des querelles, soit à cette facilité confiante avec laquelle nous nous livrons nos secrets en nous avilissant ensemble : peut-être aussi, ne nous accrochons-nous bien que par nos vices? Puis je hasardai quelques compositions littéraires. Elles me valurent des complimens, parce que les grands hommes de la littérature marchande, ne voyant point en moi de rival à craindre, me vantèrent, moins sans doute pour mon mérite personnel que pour chagriner celui de leurs camarades.

Enfin je devins un *viveur*, pour me servir de l'expression pittoresque consacrée par votre langage d'orgie. Je mettais de l'amour-propre à me tuer promptement, à écraser les plus gais compagnons par ma verve et par ma puissance. J'étais toujours frais, élégant. Je passais, dit-on, pour spirituel, et rien ne trahissait en moi cette épouvantable existence, qui fait, d'un homme, un entonnoir, un appareil à chyle, un cheval de luxe.

Bientôt la débauche m'apparut dans toute la majesté de son horreur, et je la compris...

Certes, les hommes sages et rangés qui étiquettent des bouteilles pour leurs héritiers ne peuvent guère concevoir ni la théorie de cette large vie, ni son état normal. En ferez-vous adopter la poésie aux gens de province, pour lesquels l'opium et le thé, si prodigues de délices, ne sont encore que deux médicamens? A Paris même, capitale de la pensée, ne se rencontre-t-il pas des sybarites incomplets? Inhabiles à supporter l'excès du plaisir, ne s'en vont-ils pas fatigués, après avoir entendu un nouvel opéra de Rossini, condamnant la musique, et semblables à un homme sobre, qui ne veut plus manger de pâtés de Ruffec, parce que le premier lui a donné une indigestion? Mais la débauche est certainement un art comme la poésie; elle veut des ames fortes; et, pour en saisir les mystères,

70 LA PEAU DE CHAGRIN.

pour en savourer les beautés, un homme doit, en quelque sorte, faire de consciencieuses études.

Comme toutes les sciences, elle est d'abord repoussante, épineuse ; car d'immenses obstacles environnent les grands plaisirs de l'homme, non ses jouissances de détail, mais les systèmes qui érigent toutes ses sensations rares en habitude, les résument, les lui fertilisent, lui créant une vie dramatique dans sa vie, et nécessitant une exorbitante, une prompte dissipation de ses forces.

La Guerre, le Pouvoir, les Arts, sont des corruptions mises aussi loin de la portée humaine, aussi profondes que la débauche, et toutes sont de difficile accès. Mais quand une fois l'homme est monté à l'assaut de ces grands mystères, il doit marcher dans un monde nouveau. Les généraux, les ministres, les artistes sont tous plus ou moins portés vers la dissolution par le besoin d'opposer de violentes distractions à leur existence si fort en dehors de la vie commune. Après tout, la guerre est la débauche du sang ; la politique, celle des intérêts : tous les excès sont frères... Ces monstruosités sociales possèdent la puissance des abîmes ; elles nous attirent comme Moscou

LA FEMME SANS COEUR.

appelait Napoléon ; elles donnent des vertiges ; elles fascinent , et nous voulons aller au fond sans savoir pourquoi.

Il y a peut-être la pensée de l'infini dans ces précipices , ou quelque plus vaste flatterie pour l'homme : alors n'intéresse-t-il pas tout à lui-même? En guerre , il est un ange exterminateur, le bourreau , mais un bourreau gigantesque... Artiste, il crée , et il lui faut le repos du dimanche ou un enfer, pour contraster avec le paradis de ses heures studieuses , avec les délices de la conception. Le délassement de lord Byron ne pouvait pas être le boston babillard , qui charme un rentier ; poète, il voulait la Grèce à jouer contre Mahmoud.

Eh ! ne faut-il pas des enchantemens bien extraordinaires pour nous faire accepter ces atroces douleurs , ennemies de notre frêle enveloppe, qui entourent les passions comme d'une enceinte?... S'il se roule convulsivement et souffre une sorte d'agonie , après avoir abusé du tabac , le fumeur n'a-t-il pas assisté , je ne sais en quelles régions , à de délicieuses fêtes ? Sans se donner le temps d'essuyer ses pieds , qui trempent dans le sang jusqu'à la cheville , l'Europe n'a-t-elle pas sans cesse recommencé la guerre ?... L'homme en masse a-t-il donc

72   LA PEAU DE CHAGRIN.

aussi son ivresse , comme la nature a des accès d'amour !...

Or, pour l'homme privé , pour le Mirabeau inutile , ou qui , végétant , par un règne paisible , aspire encore à des tempêtes , la débauche comprend tout. Elle est une perpétuelle étreinte de toute la vie , ou un duel avec une puissance inconnue , avec un monstre. D'abord , le monstre épouvante. Il faut l'attaquer par les cornes. Ce sont des fatigues inouïes. La nature vous a donné je ne sais quel estomac étroit ou paresseux... Vous le domptez , vous l'élargissez!... Vous apprenez à porter le vin ; vous apprivoisez l'ivresse ; vous passez les nuits sans sommeil, vous vous faites enfin un tempérament de colonel de cuirassiers , vous créant vous-même une seconde fois.

Quand l'homme s'est ainsi métamorphosé; quand , vieux soldat , le néophyte a façonné son ame à l'artillerie , ses jambes à la marche; alors , sans appartenir encore au monstre, mais sans savoir, entre eux , quel est le maître, ils se roulent l'un l'autre , tantôt vainqueurs, tantôt vaincus, dans une sphère où tout est merveilleux , où s'endorment les douleurs de l'ame , où revivent seulement des formes ; et déjà cette lutte atroce est devenue nécessaire.

LA FEMME SANS COEUR.

Réalisant ces fabuleux personnages qui, selon les légendes, ont vendu leur ame au diable pour la puissance de mal faire, le dissipateur a troqué sa mort contre toutes les jouissances de la vie ; mais abondantes , mais fécondes !... Au lieu de couler long-temps entre deux rives monotones , au fond d'un comptoir ou d'une étude, l'existence bouillonne et fuit comme un torrent...

Enfin la débauche est sans doute au corps ce que sont à l'ame les plaisirs mystiques. L'ivresse vous plonge en des rêves dont les fantasmagories sont aussi curieuses que celles de l'opium. Vous avez des heures ravissantes comme les caprices d'une jeune fille : ce sont des causeries délicieuses avec des amis ; puis , des mots qui peignent toute une vie, des joies franches et sans arrière-pensée , des voyages sans fatigue , des poèmes déroulés en quelques phrases... La brutale satisfaction de la bête, au fond de laquelle la science a été chercher une ame, est suivie de torpeurs enchanteresses après lesquelles soupirent les hommes d'intelligence ; car ils sentent tous la nécessité d'un repos absolu, complet, et la débauche est comme un impôt que leur génie paie au Mal. Vois-les tous ! S'ils ne sont pas voluptueux , la nature les fait chétifs. Moqueuse ou jalouse, une puissance leur vicie l'ame ou le corps pour neutraliser les efforts de leurs talens.

Pendant ces heures avinées, les hommes et les choses comparaissent devant vous, vêtus de vos livrées. Roi de la création, vous la transformez à vos souhaits. Puis à travers ce délire perpétuel, le jeu vous verse, à votre gré, son plomb fondu dans les veines... Enfin, un jour, vous appartenez au monstre ; et, vous avez, comme je l'eus, un réveil enragé : l'impuissance assise à votre chevet. Vieux guerrier, une phthisie vous dévore ; diplomate, un anévrisme suspend dans votre cœur la mort à un fil ; moi, c'était peut-être une pulmonie qui était venue me dire : « Partons ! » et l'artiste, Raphaël d'Urbain, sera tué par quelque excès d'amour.

Voilà comme j'ai vécu !... J'arrivais ou trop tôt ou trop tard dans la vie du monde ; ma force y eût été dangereuse si je ne l'avais pas amortie ainsi. L'univers n'a-t-il pas été guéri d'Alexandre par la coupe d'Hercule, à la fin d'une orgie ? Enfin à certaines destinées trompées, il faut le ciel ou l'enfer, la débauche ou l'hospice du mont Saint-Bernard.

Tout-à-l'heure je n'avais pas le courage de

moraliser ces deux créatures, dit-il en montrant Euphrasie et Aquilina; n'étaient-elles pas mon histoire personnifiée, une image de ma vie? Je ne pouvais guères les accuser, elles m'apparaissaient comme des juges!...

XXXIII.

Au milieu de ce poème vivant, au sein de cette étourdissante maladie, j'eus cependant deux crises bien fertiles en âcres douleurs.

D'abord, quelques jours après m'être jeté, comme Sardanapale, dans mon bûcher, je rencontrai Fœdora sous le péristyle des Bouffons. Nous attendions nos voitures...

— Ah! ah! je vous retrouve encore en vie!..

Ce mot était la traduction de son sourire, des malicieuses et sourdes paroles qu'elle dit à son *cavalier-servant*. Elle lui racontait sans doute mon histoire, en jugeant mon amour

LA FEMME SANS COEUR.

comme un amour vulgaire. Elle applaudissait à sa fausse perspicacité. Oh! mourir pour elle, l'adorer encore, la voir dans mes excès, dans mes ivresses, dans le lit des courtisanes; et me sentir victime de sa plaisanterie quand je périssais sa victime! Ne pas pouvoir déchirer ma poitrine et y fouiller mon amour, pour le jeter à ses pieds.

Ensuite j'épuisai facilement mon trésor; mais comme trois années de régime m'avaient constitué la plus robuste de toutes les santés, le jour où je me trouvai sans argent, je me portais à merveille. Alors, pour continuer de mourir, je signai des lettres de change à courte échéance... Puis le jour du paiement arriva.

Cruelles émotions!... et comme elles font vivre de jeunes cœurs! Ah! je n'étais pas fait pour vieillir encore! Mon ame était jeune, vivace et verte... Ma première dette ranima toutes mes vertus. Elles vinrent à pas lents et m'apparurent tristes et désolées, mais je sus transiger avec elles comme avec ces vieilles tantes qui commencent par nous gronder, et finissent en nous consolant, en nous donnant des larmes et de l'argent.

Plus sévère, mon imagination me montrait mon nom voyageant dans les places de l'Eu-

78 LA PEAU DE CHAGRIN.

rope, de ville en ville. Or, *notre nom, c'est nous-même !*... a dit M. Eusèbe Salverte.

Après des courses vagabondes, j'allais, comme le double d'un Allemand, revenir à mon logis, d'où je n'étais pas sorti, me réveillant moi-même en sursaut.

Ces hommes de la banque, ces remords commerciaux, vêtus de gris, portant la livrée de leur maître, — plaque d'argent ! — jadis, ils ne me disaient rien ; mais aujourd'hui... je les haïssais... Un matin, l'un d'eux ne viendrait-il pas me demander raison des onze lettres que j'avais griffonnées !... Ma signature valait 3,000 fr., et je ne les valais pas moi-même !...

Les huissiers, aux faces insouciantes à tous les désespoirs, même à la mort, se levaient devant moi, comme les bourreaux qui disent à un condamné :

— Voici trois heures et demie qui sonnent...

Leurs clercs avaient le droit de s'emparer de moi, de griffonner mon nom, de le salir, de s'en moquer...

Je devais !...

Devoir, n'est-ce point ne plus s'appartenir ?... D'autres hommes pouvaient me demander compte de ma vie : pourquoi j'avais mangé des puddings à la *chipolata*, pourquoi je buvais à la glace? pourquoi je dormais, je marchais, je pensais, je m'amusais, — sans les payer?

Au milieu d'une poésie, au sein d'une idée, ou à déjeuner, entouré d'amis, de joie, d'amour, de douces railleries, je pouvais voir entrer un monsieur en habit marron, tenant à la main un chapeau râpé. Ce sera ma dette, ce sera ma lettre de change, un spectre qui flétrira tout...

Il faudra quitter la table pour aller lui parler.....

Enfin, il m'enlèvera ma gaîté, ma maîtresse, tout, jusqu'à mon lit... Le remords est plus tolérable : il ne nous met ni dans la rue ni à Sainte-Pélagie ; il ne nous plonge pas dans cette exécrable sentine de vice et d'infamie ; il ne nous jette qu'à l'échafaud, et le bourreau ennoblit! Au moment de notre supplice tout le monde croit à notre innocence ; tandis qu'on ne laisse pas une vertu au débauché sans argent!...

Puis ces dettes à deux pattes, habillées de drap vert, portant des lunettes bleues ou des parapluies multicolores, ces dettes incarnées avec lesquelles nous nous trouvons face à face

80 LA PEAU DE CHAGRIN.

au coin d'une rue, au moment où nous sou-
rions, ces gens allaient avoir l'horrible privilége
de dire :

— M. de Valentin me doit et ne me paie pas.
Je le tiens. Ah! ah! qu'il n'ait pas l'air de me
faire mauvaise mine !...

Il faut saluer nos créanciers, les saluer avec
grâce.

— Quand me paierez-vous? disent-ils.

Et nous voilà dans l'obligation de mentir,
d'implorer un autre homme — pour de l'argent !... de nous courber devant un sot assis sur
sa caisse ; de recevoir son froid regard, son
regard de sangsue, aussi odieux qu'un soufflet;
de subir sa morale de Barême, sa crasse ignorance. Une dette est une œuvre d'imagination.
Ils ne la comprennent pas... Il faut être entraî-
né, subjugué, pour s'endetter ; eux, rien ne les
subjugue, rien de généreux ne les entraîne. Ils
vivent dans l'argent, ne connaissent que l'argent.
J'avais horreur de l'argent.

Enfin la lettre de change peut se métamor-
phoser en vieillard chargé de famille, flanqué
de vertus ; je devrai peut-être à un vivant tableau de Greuse, à un paralytique environné
d'enfans, à la veuve d'un soldat, qui me ten-
dront des mains suppliantes. Ce sont de terri-

LA FEMME SANS COEUR. 81

bles créanciers ! Ne faut-il pas pleurer avec
eux ? et, quand nous les avons payés, nous
devons les secourir.

La veille de l'échéance, je m'étais couché
dans ce calme faux des gens qui dorment avant
leur exécution, avant un duel : il y a toujours
une espérance qui les berce... Mais en me réveillant, quand je fus de sang-froid, que je
sentis mon ame emprisonnée dans le porte-
feuille d'un banquier, couchée sur des états,
écrite à l'encre rouge, mes dettes jaillirent
partout comme des sauterelles. Elles étaient
dans ma pendule, sur mes fauteuils, incrustées
dans les meubles dont je me servais avec le
plus de plaisir. Ces esclaves matériels seraient
donc la proie des harpies du Châtelet !.. Ils me
quitteraient enlevés par des recors, brutale-
ment jetés sur la place!... Ah! ma dépouille,
c'était encore moi-même... La sonnette de mon
appartement retentissait dans mon cœur ; elle
me frappait où l'on doit frapper les rois, à la
tête. C'était un martyre, — sans le ciel pour
récompense.

Oui, pour un homme libre, généreux, une
dette... c'est l'enfer... mais l'enfer avec des
huissiers et des agens d'affaires; une dette im-
payée, c'est la bassesse, un commencement de

friponnerie, et pis que tout cela, — un mensonge !..... Elle ébauche des crimes, elle engendre l'échafaud !

XXXIV.

Mes lettres de change furent protestées ; mais trois jours après je les payai ; voici comment. Un spéculateur vint me proposer de lui vendre l'île que je possédais dans la Loire, et où était le tombeau de ma mère ; j'acceptai. En signant le contrat chez le notaire de mon acquéreur, je sentis, au fond de l'étude obscure, une fraîcheur semblable à celle d'une cave dont on aurait ouvert la porte. Je frissonnai en reconnaissant le même froid humide dont je fus saisi sur le bord de la fosse où j'avais enseveli mon père. J'acceptai ce hasard comme un funeste pré-

84   LA PEAU DE CHAGRIN.

sage. Il me semblait entendre la voix de ma mère et voir son ombre; puis, je ne sais quelle puissance fit retentir vaguement mon propre nom dans mon oreille, au milieu d'un bruit de cloches !...

Le prix de mon île me laissa, toutes dettes payées, deux mille francs.

Certes, j'eusse pu revenir à la paisible existence du savant, retourner à ma mansarde, après avoir expérimenté la vie, la tête pleine d'observations immenses, et jouissant déjà d'une espèce de réputation. — Mais Fœdora n'avait pas lâché sa proie, et nous nous étions souvent trouvés en présence : moi, l'écrasant par mon luxe, lui faisant corner mon nom aux oreilles par ses amans étonnés de mon esprit, de mes chevaux, de mes succès, de mes équipages; elle, toujours froide et insensible, même à cette horrible parole :

— Il se tue pour vous !... dite par Rastignac.

Je chargeais le monde entier de ma vengeance; mais je n'étais pas heureux ! En creusant ainsi la vie jusqu'à la fange, j'avais toujours senti davantage les délices d'un amour partagé. — J'en poursuivais le fantôme à travers les hasards de mes dissipations, au sein des orgies; et, pour mon malheur, j'étais

LA FEMME SANS COEUR.

trompé dams mes belles croyances, puni de mes bienfaits et récompensé de mes fautes, par mille plaisirs. Sinistre philosophie, mais vraie pour le débauché !...

Puis, Fœdora m'avait communiqué la lèpre de sa vanité. — En sondant mon ame, je la trouvai gangrenée, pourrie. Le démon m'avait imprimé son ergot sur le front. Je sentais qu'il m'était désormais impossible de me ranger, de me passer de ces tressaillemens continuels et des exécrables raffinemens de la richesse. Riche à millions, j'aurais toujours joué, mangé, couru; je ne voulais plus rester seul avec moi-même ; j'avais besoin de courtisanes, de faux amis, de vin, de bonne chère pour m'étourdir... Tous les liens qui attachent un homme à la famille étaient brisés en moi pour toujours... Galérien du plaisir, je devais accomplir ma destinée de suicide...

Pendant les derniers jours de ma fortune je fis des excès incroyables ; mais chaque matin, la Mort me rejetait dans la vie. Semblable à un rentier viager, j'aurais pu passer tranquillement dans un incendie... Enfin, je me trouvai seul avec une pièce de vingt francs... Alors, je me souvins du bonheur de Rastignac...

— Hé ! hé !... s'écria Raphaël pensant tout

86 LA PEAU DE CHAGRIN.

à coup à son talisman et tirant la *peau de chagrin* de sa poche.

Soit que, fatigué des luttes de cette longue journée, il n'eût plus la force de gouverner son intelligence dans les flots de vin et de punch; ou, soit qu'exaspéré par l'image de sa vie, il se fût insensiblement enivré par le torrent de ses paroles, Raphaël s'anima, s'exalta comme un homme complètement privé de raison.

— Au diable la mort!... cria-t-il en brandissant *la peau*. Je veux vivre maintenant! — Je suis riche. — J'ai toutes les vertus. — Rien ne me résiste. — Qui ne serait pas bon quand on peut tout?... Hé! hé!... — Ohé!... J'ai souhaité deux cent mille livres de rentes!... Je les aurai... Saluez-moi, pourceaux qui vous vautrez sur les tapis comme sur du fumier!... Vous m'appartenez!... fameuse propriété!... Je suis riche, je peux vous acheter tous... même le député... Allons, canaille de la haute société!... bénissez-moi! — Je suis pape!

En ce moment, les exclamations de Raphaël, jusque-là couvertes par la basse-taille de tous les ronflemens, furent entendues; et, presque tous les dormeurs se réveillèrent en criant; mais, le voyant mal assuré sur ses jambes, ils maudirent, par un concert de juremens, une ivresse aussi bruyante.

—Taisez-vous!... reprit Raphaël.—Chiens!..
à vos niches!... Émile, j'ai des trésors : je te
donnerai des cigares de la Havane.

Je t'entends... répondit le poète, *Fœdora ou
la mort!*... Va ton train... Cette sucrée de Fœdora t'a trompé... Toutes les femmes sont filles
d'Ève... Ton histoire n'est pas du tout dramatique.

— Ah! tu dormais, sournois?...

— Non! — Fœdora ou la mort, j'y suis!...

— Réveille-toi!... s'écria Raphaël en frappant Emile avec la *peau de chagrin*, comme s'il
voulait en tirer du fluide électrique.

— Tonnerre!... dit Émile en se levant et en
saisissant Raphaël à bras-le-corps, mon ami,
tu es impoli... Songe donc que tu es avec des
femmes...

— Je suis millionnaire!...

— Si tu n'es pas millionnaire, tu es bien certainement ivre.

— Ivre du pouvoir. — Je peux te tuer! —
Silence, je suis *Néron!*... je suis Nabuchodonosor!...

— Mais, Raphaël, nous sommes en mauvaise
compagnie; et tu devrais, par dignité, rester
silencieux.

— Ma vie a été un trop long silence... Main-

tenant, je vais me venger du monde entier!...
Je ne m'amuserai pas à dissiper de vils écus, je
consommerai des vies humaines et des intelli-
gences... des ames. Voilà un luxe qui n'est pas
mesquin, c'est l'opulence de la peste! Je lutterai
de pouvoir avec la fièvre jaune, bleue, verte,
— avec les armées, — les échafauds!... Aussi
je puis avoir Fœdora!... — Mais, non, je n'en
veux pas, de Fœdora, — c'est ma maladie,
Fœdora, — je meurs de Fœdora!... Au diable,
Fœdora!...

— Si tu continues à crier, je t'emporte dans
la salle à manger...

— Vois-tu cette peau?... c'est le testament
de Salomon! — Il est à moi Salomon, ce petit
cuistre de roi!.. J'ai l'Arabie, — Pétrée encore,
— à moi! — L'univers?... — à moi... Tu es à
moi, si je veux!... — Ah! si je veux!... Prends
garde!... Je peux acheter toute ta boutique de
poésie, tes hémistiches... Tu seras mon valet...
Tu me feras des couplets et tu régleras mon papier! Valet! *valet,* cela veut dire : Il se porte
bien!

A ce mot, Émile emporta Raphaël dans la
salle à manger.

— Eh bien! oui, mon ami, lui dit-il, je suis
ton valet. Mais, comme tu vas être rédacteur

LA FEMME SANS COEUR.

en chef, tais-toi, sois décent... par considéra-
tion pour moi ?... M'aimes-tu ?...

— Si je t'aime ? — Tu auras des cigares de
la Havane !... avec cette peau ! — Toujours la
peau !... mon ami, — la peau souveraine !... —
Excellent topique, je peux guérir les cors. —
As-tu des cors ?... je te les ôte !...

— Jamais je ne l'ai vu si stupide...

— Stupide... mon ami ? Non. — Cette peau
se rétrécit quand j'ai un désir... C'est une an-
tiphrase. — Le brachmane, — car il y a un
brachmane là-dessous ! — le brachmane, donc,
était un goguenard, parce que les désirs,
vois-tu ?...

— Eh bien! oui...

— Je te dis...

— Oui, cela est poétique et vrai, je pense
comme toi...

— Je te dis...

— Oui...

— Tu ne me crois pas !... — Je te connais,
mon ami !... — Tu es menteur comme un roi...

— Comment veux-tu que j'adopte les diva-
gations de ton ivresse ?

— Je te parie... puisque je peux te le prouver... Prenons la mesure.

— Allons, il ne s'endormira pas !... s'écria

11.   8.

Émile en voyant Raphaël occupé à fureter dans la salle à manger. Valentin sut trouver une écritoire et une serviette.

Animé d'une adresse de singe, grâce à cette singulière lucidité dont les phénomènes contrastent parfois, chez les ivrognes, avec les obtuses visions de l'ivresse.

Il répétait toujours : — Prenons la mesure !.. Prenons la mesure !...

— Eh bien, oui! reprit Emile, prenons la mesure !

Les deux amis étendirent la serviette, sur laquelle ils superposèrent la peau de chagrin. Émile, ayant la main plus assurée que celle de Raphaël, décrivit à la plume, par une ligne d'encre, les contours du talisman, pendant que son ami lui disait :

— J'ai souhaité deux cent mille livres de rente, n'est-il pas vrai?... — Eh bien, quand je les aurai, tu verras la diminution de tout mon chagrin !...

— Oui, maintenant dors. Veux-tu que je t'arrange sur ce canapé?..... Allons! es-tu bien?...

— Oui, mon nourrisson des muses. Tu m'amuseras, tu chasseras mes mouches ! Tu as été l'ami du malheur, tu as le droit d'être l'ami du

LA FEMME SANS COEUR. 91

pouvoir. Aussi, je te donnerai des ci...ga...res de la Hav...

— Allons, cuve ton or, millionnaire.

— Toi, cuve tes hémistiches. — Bonsoir... Dis donc bonsoir à Nabuchodonosor !... Amour !

— A boire ! France... gloire et riche... Riche...

Bientôt les deux amis s'endormirent, unissant leurs ronflemens à la musique dont les salons retentissaient. Les bougies s'éteignirent, une à une, en faisant éclater leurs bobèches de cristal. Puis, la nuit enveloppa d'un crêpe cette longue orgie, dans laquelle le récit de Raphaël avait été comme une orgie de paroles, de mots sans idées, et d'idées auxquelles les expressions avaient souvent manqué.

XXXV.

Le lendemain, vers midi, la belle Aquilina se leva, bâillant, fatiguée, et les joues marbrées par les empreintes du tabouret en velours peint sur lequel sa tête avait reposé.

Euphrasie, réveillée par le mouvement de sa compagne, se dressa tout à coup en jetant un cri rauque. Sa jolie figure, si blanche, si fraîche, la veille, était jaune et pâle comme celle d'une fille allant à l'hôpital.

Insensiblement les convives se remuèrent en poussant des gémissemens sinistres. Ils se sentirent les bras et les jambes tout raidis, et mille

LA FEMME SANS COEUR. 93

fatigues diverses les accablèrent à leur réveil.

Un valet vint ouvrir les persiennes et les fenêtres des salons. Alors, l'assemblée se trouva bientôt tout entière sur pied, rappelée à la vie par les chauds rayons du soleil qui semblaient avoir l'éclat d'une trompette, en pétillant sur les têtes des dormeurs.

Les mouvemens du sommeil ayant brisé l'élégant édifice de leurs coiffures ou fripé leurs toilettes, les femmes, frappées par l'éclat du jour, présentaient un hideux spectacle. Leurs cheveux pendaient sans grâce, leurs physionomies avaient changé d'expression, leurs yeux si brillans étaient ternis par la fatigue. Puis, les teints bilieux qui jettent tant d'éclat aux lumières faisaient horreur ; et les figures lymphatiques, si blanches, si molles quand elles sont reposées, étaient devenues vertes. Toutes les bouches naguère délicieuses et rouges, maintenant sèches et blanches, portaient les honteux stigmates de l'ivresse.

Les hommes reniaient leurs maîtresses nocturnes à les voir ainsi décolorées, cadavéreuses comme des fleurs écrasées dans une rue après le passage des processions.

Mais ces hommes dédaigneux étaient plus horribles encore. Vous eussiez frémi de voir ces

94   LA PEAU DE CHAGRIN.

faces humaines, aux yeux caves et cernés qui semblaient ne rien voir, engourdies par le vin, hé-
bétées par un sommeil gêné, plus fatigant que
réparateur. Ces visages hâves, où paraissaient
à nu tous les appétits physiques sans la poésie
dont notre ame les décore, avaient je ne sais
quoi de féroce et de froidement bestial.

Ce réveil du vice sans vêtemens et sans fard,
ce squelette du Mal, tout déguenillé, froid,
vide et privé des sophismes de l'esprit, ou des
enchantemens du luxe, épouvanta ces intrépi-
des athlètes, tout habitués qu'ils fussent à lutter
avec la débauche. Artistes et courtisanes gardè-
rent le silence, examinant d'un œil hagard le
désordre de l'appartement où tout avait été
dévasté, ravagé par le feu des passions.

Puis, un rire satirique s'éleva tout à coup
lorsque le banquier, entendant le râle sourd
de ses hôtes, essaya de les saluer par une grimace. Son visage en sueur et sanguinolent fit
planer sur cette scène infernale l'image du
crime sans remords. Le tableau fut complet.

C'était la vie fangeuse, au sein du luxe; un
horrible mélange des pompes et des misères
humaines; le réveil de la Débauche quand, de
ses mains fortes, elle a pressé tous les fruits de
la vie pour ne laisser autour d'elle que d'igno-

LA FEMME SANS COEUR. 95

bles débris ou des mensonges auxquels elle ne croit plus. Vous eussiez dit la Mort souriant au milieu d'une famille pestiférée.... Plus de parfums, plus de lumières étourdissantes, plus de gaieté, plus de désirs... Mais le dégoût avec ses odeurs nauséabondes et sa poignante philosophie; puis, le soleil, éclatant comme la vérité; puis, un air pur comme la vertu, qui contrastaient avec une atmosphère chaude, chargée de miasmes, — les miasmes d'une orgie!...

Malgré leur habitude du vice, quelques-unes de ces jeunes filles pensèrent à leur réveil d'autrefois, quand, innocentes et pures, elles entrevoyaient, par leurs croisées champêtres ornées de chèvrefeuilles et de roses, un frais paysage, enchanté par les joyeuses roulades de l'alouette, vaporeusement illuminé par les lueurs de l'aurore et paré des fantaisies de la rosée...

D'autres se peignirent le déjeuner de la famille, la table autour de laquelle riaient innocemment les enfans et le père, où tout respirait un charme indéfinissable, où les mets étaient simples comme les cœurs.

Un artiste songeait à la paix de son atelier, à sa chaste statue et au gracieux modèle qui l'attendait. Un jeune homme se souvenant du procès d'où dépendait le sort d'une famille, pensait à la transaction importante qui réclamait sa présence. Le savant regrettait son cabinet où l'appelait un noble ouvrage... Presque tous se plaignaient d'eux-mêmes.

En ce moment, Émile, frais et rose comme le plus joli des commis-marchands d'une boutique en vogue, apparut en riant.

— Vous êtes plus laids que des recors!..... s'écria-t-il. Vous ne pourrez rien faire aujourd'hui. La journée est perdue..... M'est avis de déjeuner...

A ces mots, le banquier sortit pour donner des ordres. Les femmes allèrent, languissamment, rétablir le désordre de leurs toilettes devant les glaces. Chacun se secoua. Les plus vicieux prêchèrent les plus sages. Les courtisanes se moquèrent de ceux qui paraissaient ne pas se trouver de force à continuer ce rude festin. En un moment, ces spectres s'animèrent, formèrent des groupes, s'interrogeant, souriant.

Quelques valets habiles et lestes remirent promptement les meubles et chaque chose en place.

Un déjeuner splendide fut servi.

LA FEMME SANS COEUR. 97

Les convives se ruèrent dans la salle à manger ; et si tout y porta l'empreinte ineffaçable des excès de la veille, au moins, y eut-il trace d'existence et de pensée comme dans les dernières convulsions d'un mourant. C'était le convoi du Mardi gras, espèce de saturnale enterrée par des masques fatigués de leurs danses, ivres de l'ivresse, et voulant convaincre le plaisir d'impuissance au lieu d'avouer la leur.

Au moment où cette intrépide assemblée borda la table du capitaliste, le notaire, qui, la veille, avait disparu prudemment après le dîner, montra sa figure officieuse sur laquelle errait un doux sourire. Il semblait avoir deviné quelque succession à déguster, à partager, à inventorier, à grossoyer, toute pleine d'actes à faire, grosse d'honoraires, aussi juteuse que le filet tremblant dans lequel l'amphitryon plongeait alors son couteau.

— Oh ! oh ! nous allons déjeuner par-devant notaire !... s'écria le vaudevilliste.

— Vous arrivez à propos pour coter et parapher toutes ces pièces !... lui dit le banquier en lui montrant le festin.

— Il n'y a pas de testament à faire, mais pour des contrats de mariage, peut-être...

— Oh ! oh !...

II.   9

— Ah ! ah !...

— Un instant !.. répliqua le notaire, assourdi par un chœur de mauvaises plaisanteries, je viens ici pour affaire sérieuse... J'apporte six millions à l'un de vous !...

Silence profond.

— Monsieur, dit-il en s'adressant à Raphaël, qui, dans ce moment, s'occupait, sans cérémonie, à s'essuyer les yeux avec un coin de sa serviette, madame votre mère n'était-elle pas une demoiselle O'Flaharty ?

— Oui, répondit Raphaël assez machinalement. — *Barbe-Marie-Charlotte,* née à Tours.

— Avez-vous ici, reprit le notaire, votre acte de naissance et celui de madame de Valentin ?..

— Je le crois...

— Eh bien ! Monsieur, vous êtes seul et unique héritier du major Martin O'Flaharty, décédé en août 1828, à Calcutta... Le major ayant disposé, par son testament, de plusieurs sommes en faveur de quelques établissemens publics, sa succession a été réclamée à la Compagnie des Indes par le gouvernement français... Or, elle est en ce moment claire, palpable, liquide ; et depuis quinze jours, je cherchais infructueusment les ayans-cause de la demoiselle

LA FEMME SANS COEUR. 99

Barbe - Marie - Charlotte O'Flaharty, lorsque —
hier — à table...

En ce moment, Raphaël se leva soudain,
laissant échapper le mouvement brusque d'un
homme qui reçoit une blessure. Il y eut comme
une acclamation silencieuse, car le premier
sentiment des convives fut une sourde et cruelle
envie. Tous les yeux se tournèrent vers lui
comme autant de flammes. Puis, un murmure,
semblable à celui d'un parterre qui se courrouce,
une rumeur commença, grossit, et chacun dit
un mot pour saluer cette fortune immense ap-
portée par le notaire.

Rendu à toute sa raison par la brusque obéissance du Sort, Raphaël étendit promptement
sur la table la serviette avec laquelle il avait
naguères mesuré la peau de chagrin. Sans rien
écouter, il y superposa le talisman et frissonna
violemment en voyant une assez grande distance
entre le contour tracé sur le linge et celui de
la peau.

— Hé bien ! qu'a-t-il donc?... s'écria le banquier.

— *Soutiens-le, Chatillon !...* dit un peintre à
Émile : la joie va le tuer !...

Une horrible pâleur dessina tous les muscles
de la figure flétrie de cet héritier ; ses traits se

100 LA PEAU DE CHAGRIN.

contractèrent; les saillies de son visage blanchirent; les creux en devinrent sombres, le masque, livide, et les yeux, fixes.

Il voyait la MORT.

Ce banquet splendide, entouré de courtisanes fanées, de visages rassasiés, cette agonie de la joie, était une vivante image de sa vie... Il regarda trois fois le talisman qui jouait à l'aise dans les lignes impitoyables et capricieuses imprimées sur la serviette; il essayait de douter; **mais** un pressentiment anéantissait son incrédulité. Le monde lui appartenait, il pouvait tout et ne voulait plus rien.

Comme un voyageur au milieu du désert, il avait un peu d'eau pour sa soif et mesurait sa vie au nombre des gorgées. Il voyait clairement ce que chaque désir devait lui coûter de jours. Puis, il croyait à la *peau de chagrin*. S'écoutant respirer, il se sentait déjà malade. Il se demandait :

— Ne suis-je pas pulmonique?... Ma mère n'est-elle pas morte de la poitrine?...

— Ah! ah! Raphaël, vous allez bien vous amuser!... Que me donnerez-vous?... disait Aquilina.

— Buvons à la mort de son oncle, le major Martin O'Flaharty!...

LA FEMME SANS COEUR.

— Il sera pair de France!...

— Auras-tu ta loge aux Bouffons?...

— J'espère que vous nous régalerez tous!...

— Un homme comme lui sait faire grandement les choses!...

Le hourra de cette assemblée rieuse résonnait à ses oreilles sans qu'il pût saisir le sens d'un seul mot. Il pensait vaguement à l'existence mécanique et *sans désirs* d'un paysan de Bretagne, chargé d'enfans, labourant son champ, mangeant du sarrasin, buvant du cidre à même son *piché*, croyant à la Vierge et au roi, communiant à Pâques, dansant le dimanche sur une pelouse verte et ne comprenant pas le sermon de son *recteur*.

Tout ce qui s'offrait en ce moment à ses regards, ces lambris dorés, ces courtisanes, ces repas, ce luxe, le prenaient à la gorge et le faisaient tousser...

— Désirez-vous des asperges?... lui cria le banquier.

— *Je ne désire rien!...* lui répondit Raphaël d'une voix tonnante.

— Bravo!.... répliqua l'amphitryon. Vous comprenez la fortune. Elle doit être un brevet d'impertinence. — Vous êtes des nôtres!..... Messieurs, buvons à la puissance de l'or. M. de

102 LA PEAU DE CHAGRIN.

Valentin devenu six fois millionnaire arrive au pouvoir... Il est roi! Il peut tout, il est au-dessus de tout, comme tous les riches... Il n'obéira pas aux lois, les lois lui obéiront. Il n'y a pas d'échafaud, pas de bourreaux pour les millionnaires!...

— Oui, répliqua Raphaël, car ils sont eux-mêmes leurs bourreaux!

— Oh! oh!... cria le banquier. Buvons!...

— Buvons!... répéta Raphaël en mettant le talisman dans sa poche.

— Que fais-tu là?... dit Émile en lui arrêtant la main...

— Messieurs, ajouta-t-il en s'adressant à l'assemblée assez surprise des manières de Raphaël, apprenez que notre ami de Valentin... que dis-je? LE MARQUIS DE VALENTIN!... possède un secret pour faire fortune. Ses souhaits sont accomplis au moment même où il les forme! Or, à moins de passer pour un ladre, pour un homme sans cœur; il va nous enrichir tous...

— Ah! Raphaël, je veux une parure de perles!... s'écria Euphrasie.

— S'il est reconnaissant, il me donnera voiture attelée de beaux chevaux qui aillent vite! dit Aquilina.

— Souhaitez-moi cent mille livres de rente!

LA FEMME SANS COEUR.

— Des cachemires!...

— Payez mes dettes!...

— Envoie une apoplexie à mon oncle, le grand sec!...

— Que de donations!... s'écria le notaire.

— Il devrait bien me guérir de la goutte.

— Faites baisser les rentes! s'écria le banquier.

Toutes ces phrases partirent comme les gerbes du bouquet qui termine un feu d'artifice, et ces furieux désirs étaient peut-être plus sérieux que plaisans.

— Mon cher ami, dit Émile d'un air grave, je me contenterai de deux cent mille francs de rente... Allons... exécute-toi de bonne grâce... Allons!...

— Émile!... dit Raphaël, tu ne sais donc pas à quel prix?...

— Belle excuse!... s'écria le poète; ne devons-nous pas nous sacrifier pour nos amis...

— Alors j'ai presque envie de souhaiter votre mort à tous!... répondit Valentin en jetant un regard sombre profond sur les convives.

— Les mourans sont furieusement cruels!... dit Émile en riant.

— Te voilà riche!... ajouta-t-il sérieusement. Eh bien! je ne te donne pas deux mois pour

104 LA PEAU DE CHAGRIN.

devenir fangeusement égoïste! — Tu es déjà stupide! — Tu ne comprends pas une plaisanterie... Il ne te manque plus que de croire à ta peau de chagrin!...

Raphaël, craignant les moqueries de cette assemblée, gardait le silence; mais il but outre mesure et s'enivra pour oublier un moment sa funeste puissance.

FIN DE LA DEUXIÈME PARTIE.

L'AGONIE.

TROISIÈME PARTIE.

L'AGONIE.

XXXVI.

Dans les premiers jours du mois de décembre, un vieillard, septuagénaire au moins, allait, malgré la pluie, par la rue de Varennes, levant le nez à la porte de chaque hôtel et cherchant l'adresse de M. le marquis Raphaël de Valentin, avec la naïveté d'un enfant et l'air absorbé du philosophe. Il y avait sur cette figure, accompagnée de longs cheveux gris en désordre et

108 LA PEAU DE CHAGRIN.

desséchée comme un vieux parchemin qui se tord dans le feu, l'empreinte d'un violent chagrin, aux prises avec un caractère despotique.

Si quelque peintre eût rencontré ce singulier personnage, vêtu de noir, maigre et ossu ; sans doute, il l'aurait, de retour à l'atelier, transfiguré sur son album, en inscrivant au dessous du portrait :

Poète classique en quête d'une rime.

Cette vivante *palingénésie* de Rollin, ayant vérifié le numéro qui lui avait été indiqué, frappa doucement à la porte d'un magnifique hôtel.

— Monsieur Raphaël y est-il?... demanda le bonhomme à un suisse en livrée.

— M. le marquis ne reçoit personne... répondit le valet en avalant une énorme mouillette qu'il retirait d'une large bol de café.

— Sa voiture est là!... répondit le vieil inconnu en montrant un brillant équipage arrêté sous le dais de bois représentant une tente de coutil qui abritait les marches du perron. Il va sortir, je l'attendrai.

— Ah! ah! mon ancien, vous pourrez bien rester ici jusqu'à demain matin... reprit le suisse. Il y a toujours une voiture toute prête

L'AGONIE.

pour Monsieur... Mais sortez, je vous prie. Je perdrais six cents francs de rente viagère, si je laissais, une seule fois, entrer, sans ordre, une personne étrangère à l'hôtel...

En ce moment, un grand vieillard, habillé en noir, et dont le costume ressemblait assez à celui d'un huissier ministériel, sortit du vestibule et descendit précipitamment quelques marches en examinant le vieux solliciteur qui restait tout ébahi.

— Au surplus, voici monsieur Jonathas!... dit le suisse. Parlez-lui...

Alors les deux vieillards, attirés l'un vers l'autre par une sympathie ou par une curiosité mutuelle, se rencontrèrent au milieu de la vaste cour d'honneur, à un rond point où croissaient quelques touffes d'herbes entre les pavés. Un silence effrayant régnait dans cet hôtel ; et, en voyant Jonathas, vous eussiez voulu pénétrer le mystère qui planait sur sa figure, et dont tout parlait dans cette maison morne.

Le premier soin de Raphaël, en recueillant l'immense succession de son oncle, avait été de découvrir où vivait le vieux serviteur dévoué, dont il s'était séparé après l'enterrement de son père, et sur l'affection duquel il pouvait compter. Jonathas pleura de joie en revoyant son

II.   10

LA PEAU DE CHAGRIN.

jeune maître, auquel il croyait avoir dit un éternel adieu. Mais rien n'égala son bonheur quand le marquis le promut aux éminentes fonctions d'intendant.

Le vieux Jonathas était une puissance intermédiaire placée entre Raphaël et le monde entier. Ordonnateur suprême de la fortune de son maître et l'exécuteur aveugle d'une pensée inconnue, il était comme un sixième sens à travers lequel les émotions de la vie arrivaient à Raphaël.

— Monsieur, dit le vieillard à Jonathas en montant quelques marches du perron pour se mettre à l'abri de la pluie, je désirerais parler à monsieur Raphaël.

— Parler à monsieur le marquis !..... s'écria l'intendant. —A peine m'adresse-t-il la parole à moi, son père nourricier.

— Mais je suis aussi son père nourricier!... s'écria le vieil homme. Si votre femme l'a jadis allaité, je lui ai fait sucer moi-même le sein des muses!... Il est mon nourrisson, mon enfant, mon élève, *carus alumnus!* J'ai façonné sa cervelle, son entendement, développé son génie, et j'ose le dire, à mon honneur et gloire?.. N'est-il pas un des hommes les plus remarquables de notre époque?... Je l'ai eu, sous moi, en sixième, en troisième et en rhétorique. Je suis son professeur...

— Ah! monsieur est monsieur Porriquet...

— Précisément... — Mais, Monsieur...

— Chut... chut... fit Jonathas à deux marmitons dont les voix, s'élevant un peu trop, rompaient le silence claustral dans lequel la maison était ensevelie.

— Mais, Monsieur... reprit le professeur, M. le marquis serait-il malade?...

— Mon cher Monsieur, répondit Jonathas, Dieu seul sait ce qu'a mon maître!... — Voyez-vous. — Il n'y a pas à Paris deux maisons semblables à la nôtre... — Entendez-vous?... Deux maisons?... ma foi, non!... — M. le marquis a fait acheter cet hôtel. — Il appartenait précédemment à un duc et pair. — Il a dépensé trois cent mille francs pour le meubler. — Voyez-vous? — C'est une somme, trois cent mille francs! — Mais chaque pièce de notre maison est un vrai miracle.

— Bon! me suis-je dit, en voyant toute cette magnificence; c'est comme chez défunt M. son père! M. le marquis va recevoir la ville et la cour!... Point. Monsieur n'a voulu voir personne. — Il mène une drôle de vie, Monsieur Porriquet, entendez-vous?... — Une vie inconciliable.

— Ainsi, Monsieur se lève tous les jours à la même heure. Il n'y a que moi, moi seul, — voyez-vous? — qui puisse entrer dans sa chambre. J'ouvre à sept heures, été comme hiver. — Cela est convenu singulièrement. — Et alors, — étant entré, — je lui dis :

— Monsieur le marquis, il faut vous réveiller et vous habiller...

Alors il se réveille et s'habille... Je dois lui donner sa robe de chambre, toujours faite de la même façon, et de même étoffe. — Je suis obligé de la remplacer, — voyez-vous, — quand elle ne pourra plus servir, rien que pour lui éviter la peine d'en demander une neuve. — C'te imagination!... Au fait, il a mille francs à manger par jour. — Il fait ce qu'il veut, ce cher enfant. — Je l'ai vu tout petit. — Il me dirait de faire autre chose plus difficile, je le ferais encore, entendez-vous?.. — Au reste, il m'a chargé d'un tas de vétilles, —il y en a bien assez!... il lit les journaux, pas vrai? — Ordre de les mettre au même endroit, sur la même table. — Je viens aussi, à la même heure, lui faire moi-même la barbe. Le cuisinier perdrait mille écus de rente viagère si le déjeuner ne se trouvait pas inconciliablement servi devant Monsieur, à dix heures tous les matins, et le

L'AGONIE. 113

dîner à cinq heures précises. Le menu a été dressé pour l'année entière, jour par jour. — M. le marquis n'a rien à souhaiter. Il a des fraises quand y a des fraises, et le premier maquereau, qui arrive à Paris, il le mange. — Le programme est imprimé, il sait le matin son dîner par cœur. — Pour lors, il s'habille à la même heure avec les mêmes habits, le même linge, posés — toujours par moi, entendez-vous? — sur le même fauteuil. — Je dois encore veiller à ce qu'il ait toujours le même drap, et, en cas de besoin, si sa redingote s'abîme, une supposition, la remplacer par une autre, sans lui en dire un mot.

S'il fait beau, j'entre et je dis à mon maître :

— Vous devriez sortir, Monsieur?...

Il me répond — oui! ou — non!...

S'il a idée de se promener, il n'attend pas ses chevaux.—Ils sont toujours attelés, et le cocher reste inconciliablement, fouet en main, comme vous le voyez là.

Le soir, après le dîner, Monsieur va un jour à l'Opéra et l'autre aux... Mais non... Il n'a pas encore été aux Italiens, parce que je n'ai pu me procurer une loge qu'hier... Puis, il rentre à onze heures précises pour se coucher.

Pendant les intervalles de la journée où il ne

II.   10.

fait rien, il lit, — il lit toujours, voyez-vous?...
— C'est une idée qu'il a...

J'ai ordre de lire avant lui le journal de la littérature et des livres, afin d'acheter tous les ouvrages nouveaux qui paraissent pour qu'il puisse les trouver, le jour même de leur vente, sur sa cheminée.

J'ai la consigne d'entrer d'heure en heure chez lui, pour veiller au feu, à tout — et pour voir à ce que rien ne lui manque.

Il m'a donné, Monsieur, un petit livre à apprendre par cœur et où sont écrits tous mes devoirs, un vrai catéchisme... En été, je dois, avec des tas de glaces, maintenir la température au même degré de fraîcheur, et mettre en tout temps des fleurs nouvelles partout. — Il est riche! — Il a mille francs à manger par jour. — Il peut faire ses fantaisies. — Il a été privé assez long-temps du nécessaire le pauvre enfant!... — Il ne tourmente personne; il est bon comme le bon pain; jamais ne dit mot; mais, par exemple, silence complet à l'hôtel, dans le jardin!... — Enfin, M. le marquis n'a pas un seul désir à former, — voyez-vous? — Tout marche au doigt et à l'œil, — et *recta!*...

C'est moi qui lui dis tout ce qu'il doit faire, et il m'écoute... Vous ne sauriez croire à quel

L'AGONIE. 115

point il a poussé la chose... — Ses appartemens sont... en quoi ?... ah ! en enfilade ! — Eh bien, il ouvre, — une supposition, — la porte de sa chambre ou de son cabinet... crac !... — toutes les portes s'ouvrent d'elles-mêmes par un méca-nisse... Pour lors, il peut aller d'un bout à l'autre de sa maison sans trouver une seule porte fer-mée... C'est gentil... et commode !.. et agréable pour nous autres !... Ça nous a coûté gros, par exemple...

Enfin, finalement, monsieur Porriquet, il m'a dit :

— Jonathas, tu auras soin de moi comme d'un enfant au maillot... — Au maillot... oui, Monsieur, au maillot qu'il a dit... Tu penseras à mes besoins, pour moi...

Je suis le maître, — entendez-vous ?..... et il est quasiment le domestique. — Le pourquoi ?.. Ah ! par exemple !... voilà ce que personne au monde ne sait que lui et le bon Dieu. — C'est inconciliable !...

— Il fait un poème !... s'écria le vieux pro-fesseur.

— Vous croyez, Monsieur, qu'il fait un poème... C'est donc bien assujettissant, ça !... Mais, voyez-vous, je ne crois pas. Il me répète souvent qu'il veut vivre comme une vergéta-

tion, en vergétant... Et pas plus tard qu'hier,
— Monsieur Porriquet, il regardait une tulipe
et il disait en s'habillant :

— Voilà ma vie. Je vergète, mon pauvre
Jonathas...

A cette heure, d'autres prétendent qu'il est
monomane... — C'est inconciliable...

— Tout me prouve, Jonathas, reprit le professeur avec une gravité magistrale qui imprima
un profond respect au vieux valet de chambre,
que monsieur Raphaël s'occupe d'un grand
ouvrage... Il est plongé dans de vastes méditations et ne veut pas en être distrait par les
préoccupations de la vie vulgaire... Au milieu
de ses travaux intellectuels, un homme de génie
oublie tout. — Un jour le célèbre Newton...

— Ah! Newton!... bien! dit Jonathas. Je ne
le connais pas.

— Newton, un grand géomètre, reprit Porriquet, passa vingt quatre heures, le coude
appuyé sur une table ; et quand il sortit de sa
rêverie, il croyait le lendemain être encore à
la veille, comme s'il eût dormi... Je vais aller
le voir, ce cher enfant : je peux lui être utile.

— Minute!... s'écria Jonathas. Vous seriez
le roi de France, le nouveau, — s'entend! —
que vous n'entreriez pas à moins de forcer les

L'AGONIE.

portes et de me marcher sur le corps... Mais,
monsieur Porriquet, je cours lui dire que vous
êtes là... et je lui demanderai :

— Faut-il le faire monter?...

Il répondra *oui* ou *non*. — Jamais je ne lui
dis :

— *Souhaitez - vous? voulez - vous ? désirez-
vous ?*

Ces mots-là!... — rayés de la conversation.
— Une fois il m'en est échappé un :

— Veux-tu me faire mourir?... m'a-t-il dit,
tout en colère...

Et Jonathas laissa le vieux professeur dans
le vestibule, en lui faisant signe de ne pas
avancer.

XXXVII.

Jonathas revint assez promptement avec une réponse favorable, et conduisit le vieil émérite à travers de somptueux appartemens dont toutes les portes étaient ouvertes.

M. Porriquet aperçut, de loin, son élève, au coin d'une cheminée. Raphaël, enveloppé d'une robe de chambre à grands dessins, et plongé dans un fauteuil à ressorts, lisait le journal. Son attitude maladive, l'affaissement de ses traits et de son corps peignaient une extrême mélancolie, encore plus énergiquement peut-être que la pâleur de feuille étiolée, imprimée sur son front et sur son visage. Ses mains, semblables à celles d'une jolie femme, avaient une blancheur molle et délicate. Ses cheveux blonds, devenus rares, se bouclaient autour de ses tempes avec une coquetterie naturelle. Il y avait dans toute sa personne cette grâce efféminée et ces bizarreries particulières aux malades. Sa riche calotte à la grecque, entraînée par un gland trop lourd pour le léger cachemire dont elle était faite, pendait sur un côté de sa tête. La faiblesse générale de son jeune corps était démentie par ses yeux bleus où toute la vie semblait s'être retirée, où brillait un sentiment extraordinaire et dont l'expression saisissait tout d'abord. Ce regard faisait mal à voir.

Les uns pouvaient y lire du désespoir; d'autres, y deviner un combat intérieur, aussi terrible qu'un remords...

C'était le coup d'œil profond de l'impuissant refoulant ses désirs au fond de son cœur, ou de l'avare jouissant par la pensée de tous les plaisirs que son argent lui procurerait, mais s'y refusant pour ne pas amoindrir son trésor.

Ou, le regard de Prométhée enchaîné; de Napoléon déchu, apprenant à l'Élysée, en 1815, la faute stratégique commise par ses ennemis, et demandant, sans succès, le commandement pour vingt-quatre heures... Véritable regard de conquérant et de damné !...

Et, mieux encore, c'était le regard que, vingt jours auparavant, Raphaël avait jeté sur la Seine ou sur sa dernière pièce d'or mise au jeu !...

Soumettant sa volonté, son intelligence au grossier bon sens d'un vieux paysan, à peine civilisé par une domesticité de cinquante années, il avait abdiqué la vie pour vivre, dépouillant son ame de toutes les poésies du désir, et presque joyeux de devenir une sorte d'automate. Il voulait braver la mort ; et, pour lutter avec la cruelle puissance dont il avait accepté le défi, il s'était fait chaste à la manière d'Origène, en châtrant son imagination.

Le lendemain du jour où, soudainement enrichi par un testament, il avait vu décroître la peau de chagrin, il s'était trouvé chez son notaire, à table ; et là, un médecin assez en vogue avait raconté, sérieusement, au dessert, la manière dont un Suisse attaqué d'une pulmonie s'en était guéri. Cet homme n'avait pas dit un mot pendant dix ans et s'était soumis à ne respirer que vingt fois par minute dans l'air épais d'une vacherie, en suivant un régime alimentaire extrêmement doux.

— Je serai cet homme!.. se dit en lui-même Raphaël qui voulait vivre à tout prix...

Et, au sein du luxe, il reprit une vie studieuse, la vie d'une machine à vapeur.

Quand le vieux professeur envisagea ce jeune cadavre, il tressaillit. Tout lui semblait artificiel dans ce corps fluet et débile.

En voyant le marquis à l'œil dévorant, au front chargé de pensées, il ne put reconnaître l'élève au teint frais et rose, aux membres juvéniles dont il avait gardé le souvenir... Si le classique bonhomme, critique sagace et conservateur du bon goût, avait lu lord Byron, il aurait cru voir Manfred, là où il eût voulu trouver Childe-Harold.

— Bonjour, mon bon père Porriquet!..... dit Raphaël à son professeur en pressant les doigts glacés du vieillard dans une main brûlante et moite. — Comment vous portez-vous ?

— Mais, moi, je vais bien...... répondit le vieillard effrayé par le contact de cette main fiévreuse. — Et vous ?...

—Oh! j'espère me maintenir en bonne santé...

— Vous travaillez sans doute à quelque bel ouvrage ?...

122 — LA PEAU DE CHAGRIN.

— Non, répondit Raphaël... *Exegi monu-mentum....* père Porriquet. — J'ai achevé une grande page et j'ai dit adieu pour toujours à la Science. — Je sais même à peine où se trouve mon manuscrit.

— Le style en est pur, sans doute, demanda le professeur. Vous n'aurez pas, j'espère, adopté le langage barbare de cette nouvelle école qui croit faire merveille en inventant Ronsard...

— Mon ouvrage est une œuvre purement physiologique...

— Oh!... tout est dit, reprit le professeur. Dans les sciences, la grammaire doit se prêter aux exigences des découvertes. Néanmoins, mon enfant, un style clair, harmonieux, la langue de Fénélon, de M. de Buffon, de Racine, un style classique enfin! ne gâte jamais rien...

Mais, mon bon ami, reprit le professeur en s'interrompant, j'oubliais l'objet de ma visite. — C'est une visite intéressée!...

Raphaël, se rappelant trop tard la verbeuse élégance et les éloquentes périphrases auxquelles un long professorat avait habitué son maître, se repentit presque de l'avoir reçu; mais, au moment où il allait souhaiter de le voir dehors, il comprima promptement son secret désir en jetant un furtif coup-d'œil à la peau de chagrin, suspendue devant lui et appliquée sur une étoffe blanche où ses contours capricieux étaient soigneusement dessinés par une ligne rouge qui l'encadrait exactement.

Depuis la fatale orgie, Raphaël, étouffant le plus léger de ses caprices, avait vécu de manière à ne pas causer le moindre tressaillement à ce terrible talisman. La peau de chagrin était comme un tigre avec lequel il lui fallait vivre, sans en réveiller la férocité...

Alors, il écouta patiemment les amplifications du vieux professeur. Le père Porriquet mit une heure à lui raconter les persécutions dont il était devenu l'objet depuis la révolution de juillet.

Le bonhomme, voulant un gouvernement fort, avait émis le vœu patriotique de laisser les épiciers à leurs comptoirs ; les hommes d'état, au maniement des affaires publiques; les avocats au Palais ; les pairs de France, au Luxembourg ; et, alors un des ministres populaires du Roi-citoyen l'avait banni de sa chaire, en l'accusant de carlisme. Chose assez étrange !

Le vieillard se trouvait sans place, sans retraite et sans pain.

124 LA PEAU DE CHAGRIN.

Étant la providence d'un pauvre neveu dont il payait la pension au séminaire de Saint-Sulpice, il venait, moins pour lui-même que pour son enfant adoptif, prier son ancien élève de réclamer auprès du nouveau minstre, non sa réintégration, mais l'emploi de proviseur dans quelque collége de province...

Raphaël était en proie à une somnolence invincible, lorsque la voix monotone du bonhomme cessa de retentir à ses oreilles. Obligé, par politesse, de regarder les yeux blancs et presque immobiles de ce vieillard au débit lent et lourd, il avait été stupéfié, magnétisé par une inexplicable force d'inertie.

— Hé bien! mon bon père Porriquet, répliqua-t-il sans savoir précisément à quelle interrogation il répondait, je n'y puis rien.... rien du tout. — *Je souhaite seulement bien vivement que vous réussissiez!... Je suis tout à vous.*.

En ce moment, sans s'apercevoir de l'effet que produisirent sur le front jaune et ridé du vieillard ces banales paroles, pleines d'égoïsme et d'insouciance, Raphaël se dressa comme un jeune chevreuil; puis, voyant une légère ligne blanche entre le bord de la peau noire et le dessin rouge, il poussa un cri si terrible que le pauvre professeur en fut épouvanté.

L'AGONIE.

'— Allez, vieille bête!.... s'écria-t-il : vous serez nommé proviseur!... Ne pouviez-vous pas me demander une rente viagère de dix mille écus plutôt que ma protection?... Alors votre visite ne m'aurait rien coûté!... Il y a cent mille emplois en France, et je n'ai qu'une vie!... Une vie d'homme vaut plus que tous les emplois du monde!...— Jonathas!... Jonathas!...

Jonathas parut.

— Voilà de tes œuvres, triple sot!... Pourquoi m'as-tu proposé de recevoir Monsieur?... dit-il en lui montrant le vieillard pétrifié. T'ai-je remis mon ame entre les mains pour la déchirer?... Tu m'arraches en ce moment dix années d'existence!... Encore une faute comme celle-ci, et tu me conduiras à la demeure où j'ai conduit mon père!... N'aurais-je pas mieux aimé posséder la belle lady Branston que d'obliger cette vieille carcasse, espèce de haillon humain?... J'ai de l'or pour lui!... Et, d'ailleurs, quand tous les Porriquet du monde mourraient de faim, qu'est-ce que cela me ferait!...

La colère avait blanchi le visage de Raphaël, une légère écume sillonnait ses lèvres tremblantes, et l'expression de ses yeux était épouvantable. A cet aspect, les deux vieillards

LA PEAU DE CHAGRIN.

furent saisis d'un tressaillement convulsif, comme deux enfans en présence d'un serpent.

Le jeune homme tomba sur son fauteuil. Alors il se fit une sorte de réaction dans son ame. Des larmes coulèrent abondamment de ses yeux flamboyans.

— Oh! ma vie!... ma belle vie!... dit-il. Plus de bienfaisantes pensées !.... Plus d'amour !.... — plus rien.

Il se tourna vers le professeur.

— Le mal est fait, mon vieil ami... reprit-il d'une voix douce..... Je vous aurai largement récompensé de vos soins... — Et mon malheur aura, du moins, produit le bien d'un bon et digne homme !

Il y avait tant d'ame dans l'accent qui accompagnait ces paroles presque inintelligibles que les deux vieillards pleurèrent comme on pleure en entendant un air attendrissant chanté dans une langue étrangère.

— Il est épileptique!.... dit M. Porriquet à voix basse.

— Je reconnais votre bonté, mon ami !..... reprit doucement Raphaël. Vous voulez m'excuser : la maladie est un accident, tandis que l'inhumanité serait un vice... un crime... Laissez-moi, maintenant, ajouta-t-il. Vous recevrez

L'AGONIE. 127

demain ou après demain, peut-être même ce soir, votre nomination. Adieu.

Le vieillard se retira, pénétré d'horreur et en proie à de vives inquétudes sur la santé morale de Valentin. Cette scène avait eu pour lui quelque chose de surnaturel. Il doutait de lui-même et s'interrogeait comme s'il se fût réveillé après un songe pénible.

— Écoute, Jonathas!.... reprit le jeune homme en s'adressant à son vieux serviteur. Tâche de comprendre la mission que je t'ai confiée!

— Oui, monsieur le marquis.

— Je suis comme un homme mis hors la loi commune...

— Oui, monsieur le marquis.

— Toutes les jouissances de la vie se jouent autour de mon lit de mort, et dansent comme de belles femmes devant moi : si je les appelle?...je meurs. Toujours la mort!... Tu dois être une barrière entre le monde et moi.

— Oui, monsieur le marquis, dit le vieux valet en essuyant les gouttes de sueur qui chargeaient son front ridé. Mais, si vous ne voulez pas voir de belles femmes, comment ferez-vous ce soir aux Italiens?...— Une famille anglaise qui repart pour Londres m'a cédé le reste de son

abonnement, et vous avez une belle loge. Oh!
une loge superbe !... Aux premières.

Raphaël, tombé dans une profonde rêverie,
n'écoutait plus...

XXXVIII.

Voyez-vous cette fastueuse voiture ?.... ce coupé simple en dehors, de couleur brune, mais sur les panneaux duquel brille l'écusson d'une antique et noble famille ? Quand ce coupé passe rapidement, les grisettes l'admirent, en convoitant le satin jaune, la soie onduleuse, le tapis de la Savonnerie, la passementerie fraîche comme une paille de riz tressée par des mains blanches et vierges, les moelleux coussins, et les glaces muettes.... Un jeune et joli jockey mène en postillon deux chevaux de prix, et deux laquais en livrée se tiennent debout, der-

130 LA PEAU DE CHAGRIN.

rière cette voiture aristocratique, — mais au fond, sur la soie, gît une tête brûlante, aux yeux cernés, Raphaël, triste et pensif : — fatale image de la richesse !... Il court à travers Paris comme une fusée, arrive au péristyle du théâtre Favart, le marche-pied se déploie, ses deux valets le soutiennent, une foule envieuse le regarde.

— Qu'a-t-il fait celui-là pour être si riche ?.. dit un pauvre étudiant en droit qui, faute d'un écu, ne pouvait entendre les magiques accords de Rossini.

Raphaël marcha lentement dans les corridors de la salle, ne se promettant aucune jouissance de ces plaisirs si fort enviés jadis. En attendant le second acte de la *Semiramide*, il se promena au foyer, errant à travers les galeries, insouciant de sa loge, dans laquelle il n'était pas encore entré. Le sentiment de la propriété n'existait plus au fond de son cœur. Semblable à tous les malades, il ne songeait qu'à son mal.

Appuyé sur le manteau de la cheminée, autour de laquelle abondaient, au milieu du foyer, les élégans, jeunes et vieux, d'anciens et de nouveaux ministres, puis des pairs sans pairie, et des pairies sans pair telles que les

L'AGONIE. 131

a faites la révolution de juillet, enfin tout un monde de spéculateurs et de journalistes, Raphaël vit à quelques pas de lui, parmi toutes les têtes, une figure étrange et surnaturelle. Il s'avança en clignant les yeux fort insolemment vers cet être bizarre, afin de le contempler de plus près.

— Quelle admirable peinture!... se dit-il.

Les sourcils, les cheveux et la virgule *à la Mazarin* dont l'inconnu semblait faire parade, étaient teints en noir ; mais, appliqué sur une chevelure sans doute trop blanche, le cosmétique avait produit une couleur violâtre et fausse dont les teintes changeaient suivant les reflets plus ou moins vifs des lumières. Son visage étroit et plat, dont les rides étaient comblées par d'épaisses couches de rouge et de blanc, exprimait à la fois la ruse et! l'inquiétude. Cette enluminure, manquant à quelques endroits de la face, en faisait singulièrement ressortir la décrépitude et le teint plombé.

Aussi, était-il impossible de ne pas rire en voyant cette tête au menton pointu, au front proéminent, assez semblable à ces grotesques figures de bois, sculptées en Allemagne, par les bergers pendant leurs loisirs.

En examinant tour à tour ce vieil Adonis et

LA PEAU DE CHAGRIN.

Raphaël, un observateur aurait cru reconnaître, dans le marquis, les yeux d'un jeune homme sous le masque d'un vieillard ; et dans l'inconu, les yeux ternes d'un vieillard sous le masque d'un jeune homme.

Valentin cherchait à se rappeler en quelle circonstance il avait jadis vu ce petit vieillard sec, bien cravaté, botté, qui marchait en faisant sonner ses éperons et se croisait les bras comme s'il avait toutes les forces d'une pétulante jeunesse à dissiper. Sa démarche n'accusait rien de gêné, d'artificiel. Son élégant habit, soigneusement boutonné, déguisait une antique et forte charpente, en lui donnant la tournure d'un vieux fat qui suit les modes.

Cette espèce de poupée pleine de vie, vrai prodige, avait pour Raphaël tous les charmes d'une apparition. Il le contemplait comme un vieux Rembrandt enfumé, récemment restauré, verni, mis dans un cadre neuf.

Cette comparaison lui fit retrouver la trace de la vérité dans ses confus souvenirs ; et, alors, il reconnut le marchand de curiosités, l'homme auquel il devait son malheur !...

En ce moment, un rire satanique échappait à ce fantastique personnage, et se dessinait sur ses lèvres froides, tendues par un faux

L'AGONIE. 133

râtelier. A ce rire, la vive imagination de Raphaël lui montra, dans cet homme, de frappantes ressemblances avec la tête idéale que les peintres ont donnée au Méphistophélès de Goëthe.

Mille superstitions s'emparèrent de l'ame forte de Raphaël; et, dans ce moment, il crut à la puissance du démon, à tous les sortiléges rapportés dans les fabuleuses légendes du moyen âge, et mises en œuvre par les poètes. Se refusant avec horreur au sort de Faust, il invoqua soudain le ciel; il eut, comme les mourans, une foi fervente en, Dieu, en la vierge Marie..... Radieuse et fraîche, une mystérieuse lumière lui permit d'apercevoir le ciel; mais c'était le ciel de Michel-Ange et de Sanzio d'Urbin : des nuages, un vieillard à barbe blanche, des têtes ailées, et une belle femme assise dans une auréole.... Maintenant il comprenait, il adoptait ces admirables créations dont les fantaisies presque humaines lui expliquaient son aventure et lui permettaient encore un espoir.

Mais quand ses yeux retombèrent sur le foyer des Italiens, au lieu de la Vierge, il vit une ravissante fille d'Opéra, la détestable Euphrasie, danseuse au corps souple et léger, qui, vêtue d'une robe éclatante, couverte de perles

II.   12

134 LA PEAU DE CHAGRIN.

orientales, arrivait impatiente de son vieillard impatient, et venait se montrer, insolente, le front hardi, les yeux pétillans, à ce monde envieux et spéculateur, pour témoigner de la richesse sans bornes du marchand dont elle dissipait les trésors.

Raphaël, se souvenant du souhait goguenard par lequel il avait accueilli le fatal présent du vieux homme, savoura tous les plaisirs de la vengeance en contemplant l'humiliation profonde de cette sagesse sublime, dont naguères la chute semblait impossible.

Le funèbre sourire du centenaire s'adressait à Euphrasie, dont la bouche rose répondit par un mot d'amour ; puis, lui offrant un bras desséché, le petit juif fit deux ou trois fois le tour du foyer, recueillant, avec délices, les regards de passion et les complimens jetés par la foule à sa maîtresse, sans voir les rires dédaigneux, sans entendre les railleries mordantes dont il était l'objet.

— Dans quel cimetière, cette jeune goule a-t-elle déterré ce cadavre?.... s'écria le plus élégant de tous les romantiques.

Euphrasie se prit à sourire ; car c'était un jeune homme aux cheveux blonds, aux yeux bleus et brillans, svelte, portant moustache,

— tout le bagage du genre, — ayant un frac écourté, le chapeau sur l'oreille, et la repartie vive...

— Que de vieillards! se dit Raphaël en lui-même, couronnent une vie de probité, de travail, de vertu, par une folie!.... Celui-ci a les pieds froids, et il fait l'amour.

— Hé bien, Monsieur, s'écria Valentin, en arrêtant le juif et en lançant une œillade à Euphrasie: Ne vous souvenez-vous plus des sévères maximes de votre philosophie?

— Ah! ah! répondit le marchand d'une voix déjà cassée. Je suis heureux comme un jeune homme!... J'avais pris l'existence au rebours... Il y a toute une vie dans une heure d'amour.

En ce moment, les spectateurs, entendant le prélude de l'orchestre, quittèrent le foyer pour se rendre à leurs places; et le vieillard ayant salué Raphaël, ils se séparèrent.

En entrant dans sa loge, le marquis aperçut Fœdora, divinement mise, et placée à l'autre côté de la salle précisément en face de lui.

Sans doute arrivée depuis peu, elle rejetait son écharpe en arrière, se découvrait le cou, faisant les mille petits mouvemens indescriptibles d'une coquette occupée à se poser. Tous les regards étaient concentrés sur elle.

136 LA PEAU DE CHAGRIN.

Un jeune pair de France l'accompagnait. La comtesse lui demanda la lorgnette qu'elle lui avait donnée à porter ; et, au geste qu'elle fit, à la manière dont elle regarda ce nouveau *partner*, Raphaël devina la tyrannie à laquelle son successeur était soumis.

Fasciné sans doute comme il l'avait été jadis; dupé comme lui; comme lui, luttant avec toute la puissance d'un amour vrai contre les froids calculs de cette femme, il devait souffrir les tourmens auxquels Valentin avait heureusement renoncé.

Une joie inexprimable anima la figure de Fœdora, quand, après avoir braqué sa lorgnette sur toutes les loges, et rapidement examiné les toilettes, elle eut la conscience d'écraser, par sa parure et sa beauté, les plus jolies, les plus élégantes femmes de Paris.

Elle se mit à rire pour montrer ses dents blanches ; agita sa tête ornée de fleurs, pour en faire admirer l'éclat et la coiffure ; puis son regard alla de loge en loge se moquant d'un béret mal posé sur le front d'une princesse russe, ou d'un chapeau manqué qui coiffait horriblement mal la fille d'un banquier ; mais, tout à coup, elle pâlit en rencontrant les yeux fixes de Raphaël.

L'AGONIE.

Son amant dédaigné la foudroya par un intolérable coup-d'œil de mépris. Quand aucun de ses amans bannis ne méconnaissait sa puissance, Valentin, seul dans le monde, était à l'abri de ses séductions. Un pouvoir impunément bravé touche à sa ruine. Cette maxime est gravée plus profondément au cœur d'une femme qu'à la tête des rois ; aussi Fœdora voyait-elle la mort de ses prestiges et de sa coquetterie, dans Raphaël.

Un mot, dit par lui, la veille, à l'Opéra, était déjà devenu célèbre, dans les salons de Paris, et le tranchant de cette terrible épigramme avait fait une blessure incurable à la comtesse. En France, nous savons cautériser une plaie, mais nous n'y connaissons pas encore de remède au mal que produit une phrase.

Au moment où toutes les femmes regardèrent alternativement le marquis et la comtesse, Fœdora aurait voulu l'abîmer dans les oubliettes de quelque Bastille ; car malgré son talent pour la dissimulation, ses rivales devinèrent sa souffrance.

Enfin, sa dernière consolation lui échappa. Ces mots délicieux :

— Je suis la plus belle!...

Cette phrase éternelle qui calmait tous les

138

LA PEAU DE CHAGRIN.

chagrins de sa vanité, devint un mensonge.

Au moment où finissait l'ouverture du second acte, une femme vint se placer près de Raphaël, dans une loge qui, jusqu'alors, était restée vide. Le parterre entier laissa échapper un murmure d'admiration. Cette mer de faces humaines agita ses lames animées, et toutes les têtes regardèrent l'inconnue. Jeunes et vieux firent un tumulte si prolongé que, pendant le lever du rideau, les musiciens de l'orchestre se tournèrent pour réclamer le silence; et, partageant cet applaudissement général, finirent par augmenter ces confuses rumeurs. Des conversations animées s'établirent dans chaque loge. Les femmes s'étaient toutes armées de leurs jumelles; et les vieillards rajeunis, nettoyaient avec la peau de leurs gants les verres de leurs lorgnettes. Puis, l'enthousiasme se calma par degrés. Les chants retentirent sur la scène. Tout rentra dans l'ordre. La bonne compagnie, comme honteuse d'avoir cédé à un mouvement naturel, rentra dans la froideur aristocratique de ses manières polies. Les riches ne veulent s'étonner de rien, et doivent reconnaître, au premier aspect d'une belle œuvre, le défaut qui les dispense de l'admiration, sentiment vulgaire.

L'AGONIE. 139

Cependant quelques hommes restèrent immobiles, sans écouter la musique, perdus dans un ravissement naïf, occupés à contempler la voisine de Raphaël.

Valentin aperçut dans une baignoire, et près d'Aquilina, l'ignoble figure du banquier sanglant qui lui adressait une grimace approbative. Puis, il vit Émile, qui, debout à l'orchestre, semblait lui dire :

— Mais regarde donc la belle créature que tu as près de toi !...

Enfin Rastignac assis près d'une jeune femme, une veuve sans doute, tortillait ses gants comme un homme au désespoir d'être enchaîné là, sans pouvoir aller près de la divine inconnue.

La vie de Raphaël dépendait d'un pacte encore inviolé qu'il avait fait avec lui-même. Il s'était promis de ne jamais regarder attentivement aucune femme ; et, pour se mettre à l'abri d'une tentation, il portait un lorgnon dont le verre microscopique, artistement disposé, détruisait l'harmonie des plus beaux traits, en leur donnant un hideux aspect.

Encore en proie à la terreur dont il avait été saisi le matin, quand, pour un simple vœu de politesse, le talisman s'était si promptement resserré, Raphaël résolut fermement de ne pas se retourner vers sa voisine.

140 LA PEAU DE CHAGRIN.

Il était assis comme une duchesse, non pas comme une duchesse impériale, mais comme une duchesse du faubourg Saint-Germain. Présentant le dos au coin de sa loge, il dérobait avec impertinence la moitié de la scène à l'inconnue, ayant l'air de la mépriser, d'ignorer même qu'une jolie femme se trouvât derrière lui.

La voisine, copiant avec exactitude la posture de Valentin, avait appuyé son coude sur le bord de la loge, et se mettait la tête de trois quarts en regardant les chanteurs, comme si elle se fût posée devant un peintre. Ces deux personnes ressemblaient à deux amans brouillés qui se boudent, se tournent le dos, et vont s'embrasser au premier mot d'amour.

Par momens, les légers marabouts, ou les cheveux de l'inconnue effleuraient la tête de Raphaël et lui causaient une sensation voluptueuse contre laquelle il luttait courageusement. Puis, il sentit le doux contact des ruches de dentelle qui garnissaient le tour de la robe. Enfin, la robe elle-même fit entendre le murmure efféminé de ses plis, frissonnement plein de molles sorcelleries. Bientôt, le mouvement imperceptible imprimé par la respiration à la poitrine, au dos, aux vêtemens, la vie suave

L'AGONIE. 141

de cette jolie femme se communiqua soudain à Raphaël comme une étincelle électrique ; et le tulle ou la blonde transmirent fidèlement à son épaule chatouillée, la délicieuse chaleur de ce dos de femme, sans doute blanc et nu. Par un caprice de la nature, ces deux êtres désunis par le bon ton, séparés par les abîmes de la mort, respirèrent ensemble, et pensèrent peut-être l'un à l'autre. Les pénétrans parfums du *Sandal* achevèrent d'enivrer Raphaël. Son imagination irritée par un obstacle, et que les entraves rendaient encore plus fantasque, lui dessina rapidement une femme en traits de feu.

Alors il se retourna brusquement ; et comme en ce moment, l'inconnue, choquée sans doute de se trouver en contact avec un étranger, fit un mouvement semblable, leurs visages, animés par la même pensée, restèrent en présence.

— Pauline !...

— Monsieur Raphaël !...

Pétrifiés l'un et l'autre, ils se regardèrent un instant en silence.

Raphaël voyait Pauline éclatante de beauté, dans une toilette simple et de bon goût. Son ravissant corsage, quoique chastement couvert d'une gaze, laissait apercevoir une blancheur de lis et deviner des formes que même une femme eût admirées. Puis, c'était toujours sa modestie virginale, sa candeur, sa gracieuse attitude. Son bras blanc, enveloppé d'une gaze transparente, accusait l'émotion profonde dont elle était saisie, par un tremblement nerveux qui semblait faire palpiter son corps aussi puissamment que son cœur.

— Oh! venez demain!... dit-elle, venez à l'hôtel Saint-Quentin, y reprendre vos papiers!.. J'y serai à midi : soyez exact !

Puis, elle se leva précipitamment et disparut.

Raphaël voulait suivre Pauline ; mais, craignant de la compromettre, il resta, regarda Fœdora, la trouva laide ; et, bientôt, ne pouvant comprendre une seule phrase de musique, étouffant dans cette salle, le cœur plein, il sortit, et revint chez lui.

— Jonathas !... dit-il à son vieux domestique, au moment où il fut dans son lit : Donne-moi une demi-goutte de laudanum sur un morceau de sucre, et demain ne me réveille qu'à midi moins vingt minutes.

XXXIX.

— Je veux être aimé de Pauline!... s'écria-
t-il, le lendemain, en regardant le talisman
avec une indéfinissable angoisse.

La peau ne fit aucun mouvement, elle semblait avoir perdu sa force contractile.

— Ah! ah!... s'écria Raphaël, en se sentant
délivré comme d'un manteau de plomb qu'il
aurait porté depuis le jour où le talisman lui
avait été donné. Tu mens!... Tu ne m'obéis
pas?... Le pacte est rompu!... Je suis libre...
Je vivrai... C'était donc une mauvaise plaisanterie!...

144 LA PEAU DE CHAGRIN.

En disant ces paroles, il n'osait pas croire à sa propre pensée.

Mis aussi simplement qu'il l'était jadis, il voulut aller à pied à son ancienne demeure, essayant de se reporter en idée à ces jours heureux où il pouvait se livrer sans danger à la furie de ses désirs, et où il n'avait point encore jugé toutes les jouissances humaines. Il marchait, voyant, non plus la Pauline de l'hôtel Saint-Quentin, mais la Pauline de la veille, cette maîtresse accomplie, si souvent rêvée, jeune fille spirituelle, aimante, artiste, comprenant les poètes et la poésie, et vivant au sein du luxe; en un mot, Fœdora douée d'une belle ame; ou Pauline comtesse et deux fois millionnaire comme Fœdora!...

Quand il se trouva sur le seuil usé, sur la dalle cassée de cette porte où, tant de fois, il avait eu des pensées de désespoir, une vieille femme sortit de la salle et lui dit :

— N'êtes-vous pas M. Raphaël de Valentin?

— Oui, ma bonne mère, répondit-il...

— Vous connaissez votre logement!... Quelqu'un vous y attend.

— Cet hôtel est-il toujours tenu par madame Gaudin?... demanda-t-il.

— Oh! non, monsieur. Maintenant, madame

L'AGONIE.

Gaudin est baronne... Elle est dans une belle maison à elle, de l'autre côté de l'eau... Son mari est revenu. Dame!... il a rapporté des mille et des cent. L'on dit qu'elle pourrait acheter tout le quartier Saint-Jacques si elle le voulait. Elle m'a donné *gratis* son fonds, et son restant de bail... Ah! c'est une bonne femme, tout de même! Elle n'est pas plus fière aujourd'hui qu'elle ne l'était hier!...

Raphaël monta lestement à sa mansarde; et, quand il atteignit les dernières marches de l'escalier, il entendit les sons du piano.

Pauline était là...

Ouvrant doucement la porte, il la vit modestement vêtue d'une robe de percaline, mais la façon de la robe, et les gants, le chapeau, le châle négligemment jetés sur le lit, révélaient toute une fortune.

— Ah! vous voilà!... enfin!... s'écria Pauline en tournant la tête et se levant avec un naïf mouvement de joie.

Raphaël vint s'asseoir près d'elle, et, rougissant, honteux, heureux, il la regarda sans rien dire.

— Pourquoi nous avez-vous donc quittées? reprit-elle en baisant les yeux, au moment où son visage s'empourpra. Qu'êtes-vous devenu?....

— Ah ! Pauline , j'ai été... je suis bien malheureux encore !...

— Là !... s'écria-t-elle tout attendrie. J'ai
deviné cela , hier , en vous voyant bien mis...
— riche en apparence , — et, en réalité, hein !..
monsieur Raphaël?... Est-ce toujours comme
autrefois ?

Valentin ne put retenir quelques larmes ; elles
roulèrent dans ses yeux , et alors il s'écria :

— Pauline !... je...

Il n'acheva pas, ses yeux étincelaient d'a-
mour, et son cœur débordait dans son regard.

— Oh ! il m'aime !... il m'aime !... s'écria
Pauline.

Raphaël fit un signe de tête , en se sentant
hors d'état de dire une seule parole ; et, à ce
geste , la jeune fille lui prit la main , et la serrant avec force, elle lui dit, tantôt riant, tantôt
sanglotant :

— Riches !.. riches !.. heureux !.. riches !..
ta Pauline est riche ! Mais moi je devrais aujourd'hui être bien pauvre !... J'ai mille fois dit
que je paierais ce mot : — *Il m'aime !...* de tous
les trésors de la terre. O mon Raphaël !... des
millions !... tu aimes le luxe... mais tu dois
aimer mon cœur aussi... Il y a tant d'amour
pour toi dans ce cœur. — Tu ne sais pas ? Mon

père est revenu. Je suis une riche héritière !...
Ma mère et lui me laissent entièrement maîtresse
de mon sort !... Je suis libre !

En proie à une sorte de délire, Raphaël tenait
les mains de Pauline, et les baisait si ardem-
ment, si avidement, que son baiser semblait
être une sorte de convulsion.

Pauline se dégagea les mains, les jeta sur les
épaules de Raphaël et le saisit. — Alors, ils se
comprirent, se serrèrent et s'embrassèrent
avec cette sainte, cette délicieuse ferveur,
dégagée de toute arrière-pensée, dont un seul
baiser se trouve empreint, le jeune, le premier
baiser, par lequel deux ames prennent possession d'elles-mêmes.

— Ah ! s'écria Pauline en retombant sur la
chaise, je ne veux plus te quitter !...

— Je ne sais d'où me vient tant de hardiesse ?... reprit-elle en rougissant.

— De la hardiesse, ma Pauline ?... Oh ! ne
crains rien ! C'est de l'amour... de l'amour vrai,
profond ! — éternel comme le mien, n'est-ce
pas ?...

— Oh ! parle, parle, parle !... dit-elle. Ta
bouche a été si long-temps muette pour moi...

— Tu m'aimais donc ?...

— Oh! Dieu !... si je t'aimais !... Que de fois

j'ai pleuré, là, — tiens? — en faisant ta
chambre, déplorant ta misère et... la mienne.
Je me serais vendue au démon pour t'éviter un
chagrin... Aujourd'hui, *mon* Raphaël, car tu
es bien à moi... — A moi cette belle tête; à moi
ton cœur! — Oh! oui, ton cœur surtout!...
Éternelle richesse!...

Eh bien! où en suis-je?... reprit-elle. Ah!
m'y voici! nous avons trois... quatre... cinq
millions, je crois... Si j'étais pauvre, je tiendrais
peut-être à porter ton nom, à être nommée ta
femme... Mais, en ce moment je voudrais te
sacrifier le monde entier... je voudrais être
encore ta servante... Va, Raphaël, en t'offrant
mon cœur, ma personne, ma fortune, je ne te
donnerais rien de plus aujourd'hui, que le jour
où j'ai mis là, dit-elle en montrant le tiroir de
la table, certaine pièce de cent sous!... Oh!
comme alors ta joie m'a fait mal!...

— Pourquoi es-tu riche?... s'écria Raphaël.
Pourquoi n'as-tu pas de vanité!... je ne puis
rien pour toi!...

Il se tordit les mains de bonheur, de désespoir, d'amour...

— Quand tu seras madame la marquise de
Valentin!... Je te connais, ame céleste, ce titre
et ma fortune ne vaudront pas...

L'AGONIE. 149

— Un seul de tes cheveux! s'écria-t-elle.

— J'ai six millions; mais quand j'en aurais trente, que sont maintenant les richesses pour nous!... Ah! j'ai ma vie!... je puis te l'offrir!.. prends-la...

— Oh! ton amour!... Raphaël, ton amour vaut le monde!... Comment! ta pensée est à moi?... Mais je suis la plus heureuse des heureuses...

— L'on va nous entendre!... dit Raphaël.

— Hé, il n'y a personne?... répondit-elle en laissant échapper un petit geste mutin.

— Eh bien, viens?... s'écria Valentin en lui tendant les bras.

Elle sauta sur ses genoux, et, joignant ses mains autour du cou de Raphaël :

— Embrassez-moi, dit-elle, pour tous les chagrins que vous m'avez donnés!...

Pour effacer la peine que vos joies m'ont faite!...

Pour toutes les nuits que j'ai passées à peindre mes écrans.

— Tes écrans...

— Puisque nous sommes riches, mon trésor, je puis te dire tout!... Pauvre enfant!... Ah! comme il est facile de tromper les hommes d'esprit!... Est-ce que tu pouvais avoir des gilets

II. 13.

blancs et des chemises propres deux fois la semaine, pour trois francs de blanchissage par mois?... Mais tu buvais deux fois plus de lait qu'il ne t'en revenait pour ton argent!... Je t'attrapais sur tout. Le feu, l'huile. Et l'argent donc?...

Oh! mon Raphaël!... ne me prends pas pour femme!... dit-elle en riant, je suis une personne trop astucieuse.

— Mais comment faisais-tu donc?...

— Je travaillais jusqu'à deux heures du matin!... répondit-elle, et je donnais à ma mère une moitié du prix de mes écrans; à toi, l'autre...

Ils se regardèrent pendant un moment, tous deux hébétés de joie et d'amour.

— Oh! s'écria Raphaël, nous paierons sans doute, un jour, ce bonheur par quelque effroyable chagrin!...

— Serais-tu marié?... cria Pauline. Ah! je ne veux te céder à aucune femme!...

— Je suis libre, ma chérie!...

— Libre... répéta-t-elle. Libre, et à moi!...

Elle se laissa glisser sur ses genoux; et, joignant les mains, elle regarda Raphaël avec une dévotieuse ardeur.

— J'ai peur de devenir folle!...

— Que tu es gentil ! reprit-elle en passant une main dans la blonde chevelure de son amant. Est-elle bête, ta comtesse Fœdora !... Quel plaisir j'ai ressenti hier en étant saluée par tous les hommes !... Elle n'a jamais été applaudie, elle !...

— Dis, cher : quand mon dos a touché ton bras, j'ai entendu en moi je ne sais quelle voix qui m'a crié : — Il est là !... Je me suis retournée... et je t'ai vu... Oh ! je me suis sauvée... je me sentais l'envie de te sauter au cou, devant tout ce monde.

— Es-tu heureuse de pouvoir parler !... s'écria Raphaël. Moi, j'ai le cœur serré. Je voudrais pleurer ; je ne puis... Ne me retire pas ta main !... Il me semble que je resterais pendant toute ma vie, à te regarder ainsi... heureux, content !...

— Oh ! répète-moi cela, mon amour ?...

— Et que sont les paroles !... reprit Valentin en laissant tomber une larme chaude sur les mains de Pauline. Plus tard, j'essaierai de te dire mon amour ; en ce moment je ne puis que le sentir...

— Oh ! s'écria-t-elle, cette belle ame, ce beau génie, ce cœur que je connais si bien..... tout est à moi, comme je suis à lui.

— Pour toujours, ma douce créature! dit Raphaël d'une voix émue. Tu seras ma femme, mon bon génie. Ta présence a toujours dissipé mes chagrins, rafraîchi mon ame. En ce moment, ton sourire angélique a pour ainsi dire purifié mon cœur. — Je crois commencer une nouvelle vie. Le passé cruel et mes tristes folies me semblent n'être plus que de mauvais songes. — Je suis pur... près de toi... Je sens l'air du bonheur.

— Oh! sois là, toujours!... ajouta-t-il en la pressant saintement sur son cœur palpitant.

—Vienne la mort quand elle voudra!.. s'écria Pauline en extase. J'ai vécu!...

LX.

— Oh ! mon Raphaël !... s'écria Pauline , je voudrais qu'à l'avenir personne n'entrât dans cette chère mansarde...

— Il faut en murer la porte , mettre une grille à la lucarne , et acheter la maison , répondit le marquis.

— C'est cela !... dit-elle.

Puis, après un moment de silence :

— Nous avons un peu oublié de chercher tes manuscrits ?...

Et ils se prirent à rire avec une douce innocence.

LA PEAU DE CHAGRIN

— Bah!... je me moque de toutes les sciences... s'écria Raphaël.

— Ah! Monsieur, et la gloire?...

— Tu es ma seule gloire...

— Étais-tu malheureux en faisant tous ces petits pieds de mouche!... dit-elle en feuilletant les papiers.

— Ma Pauline...

— Oh! oui, je suis ta Pauline... Eh bien?...

— Où demeures-tu donc?...

— Rue Saint-Lazare... — Et toi?...

— Rue de Varennes...

— Comme nous serons loin l'un de l'autre, jusqu'à ce que...

Elle s'arrêta, regardant son ami d'un air coquet et malicieux.

— Mais, répondit Raphaël, nous avons tout au plus une quinzaine de jours à rester séparés...

— Vrai!... Dans quinze jours nous nous marierons...

Elle sauta comme une enfant.

— Oh! je suis une fille dénaturée?... reprit-elle, je ne pense plus ni à père, ni à mère, ni à rien dans le monde! Tu ne sais pas, pauvre chéri? mon père est bien malade. — Il est revenu des Indes... Oh! souffrant!... mais très-

souffrant. — Il a manqué mourir au Havre...
Nous l'avons été chercher là.

— Ah! Dieu!... s'écria-t-elle en regardant
l'heure à sa montre, déjà trois heures... Je
dois me trouver à son réveil à quatre heures. —
Je suis la maîtresse au logis, ma mère fait toutes mes volontés, mon père m'adore; mais je
ne veux pas abuser de leur bonté!... Ce serait
mal! Le pauvre père... C'est lui qui m'a envoyé
aux Italiens hier... Tu viendras le voir demain,
n'est-ce pas ?...

— Madame la marquise de Valentin veut-elle
me faire l'honneur d'accepter mon bras...

— Ah! chéri! chéri !...

— Je vais emporter la clef de cette chambre, reprit-elle. N'est-ce pas un palais, notre
trésor...

— Pauline?... encore un baiser...

— Mille!...

— Mon Dieu!.... dit-elle en regardant Raphaël. Et ce sera toujours ainsi! Je crois rêver.

Ils descendirent lentement l'escalier. Puis,
bien unis, marchant du même pas, tressaillant
ensemble sous le poids du même bonheur, se
serrant comme deux colombes, ils arrivèrent
trop tôt sur la place de la Sorbonne, où l'équipage de Pauline attendait.

156 LA PEAU DE CHAGRIN.

— Je veux aller chez toi!... s'écria-t-elle. Je veux voir ta chambre, ton cabinet, et m'asseoir à la table sur laquelle tu travailles!... Ce sera comme autrefois... ajouta-t-elle en rougissant.

— Joseph!.... dit-elle en s'adressant à un valet, je vais rue de Varennes avant de retourner à la maison. Il est trois heures un quart, et je dois être revenue à quatre.... Que George presse les chevaux!...

Et les deux amans, mollement balancés et portés sur de voluptueux coussins, tous deux rayonnant d'amour, furent, en peu d'instans, menés à l'hôtel de Valentin.

— Oh! que je suis contente d'avoir examiné tout cela!... s'écria Pauline en chiffonnant la soie des rideaux qui drapaient le lit de Raphaël.

— Ce soir, en m'endormant, je tâcherai d'être là, en pensée. Je me figurerai ta chère tête sur cet oreiller.... — Dis-moi, Raphaël, tu n'as pris conseil de personne pour meubler ton hôtel?...

— De personne.

— Là... bien vrai... Ce n'est pas une femme qui t'a...?

— Pauline!...

— Oh! je me sens une affreuse jalousie!....

Mais, tu as bien bon goût... Je veux avoir demain un lit pareil au tien...

Raphaël, ivre de bonheur, saisit Pauline.

— Oh! mon père!... mon père!... dit-elle.

— Je vais donc te reconduire, car je veux te quitter le moins possible !... s'écria Valentin.

— Que tu es aimable!... Je n'osais pas te le proposer...

— Mais n'es-tu donc pas ma vie...

— Il n'y a pas deux hommes comme toi sous le ciel ?

Mais il serait fastidieux de consigner fidèlement ces adorables bavardages de l'amour auxquels l'accent, le regard, un geste intraduisible donnent seuls du prix.

Valentin reconduisit Pauline jusque chez elle, et revint ayant au cœur autant de plaisir que l'homme peut en ressentir et en porter ici-bas.

Quand il fut assis dans son fauteuil, près de son feu, pensant à la soudaine et complète réalisation de toutes ses espérances, une idée froide lui traversa l'ame comme l'acier d'un poignard perce une poitrine.

Il regarda la peau de chagrin. Elle s'était légèrement rétrécie...

— Ah!...

LA PEAU DE CHAGRIN.

Il prononça le juron français, sans y mettre les jésuitiques réticences de l'abbesse des Andouillettes ; puis, penchant la tête sur son fauteuil, il resta sans mouvement les yeux arrêtés sur une patère, mais sans la voir.

— Grand Dieu!.. s'écria-t-il. Quoi! tous mes désirs!... tous... Pauvre Pauline!..

Il prit un compas, mesura ce que la matinée lui avait coûté d'existence.

— Je n'en ai pas pour deux mois!... dit-il.

Une sueur glacée sortit de ses pores, et il demeura comme perdu dans ses pensées.

Tout à coup, obéissant à un inexprimable mouvement de rage, il saisit la peau de chagrin en s'écriant : — Je suis bien bête!...

Il sortit, courut, traversa les jardins ; et jetant le talisman au fond d'un puits :

— Vogue la galère!... dit-il joyeusement. Au diable toutes ces sottises!...

XLI.

DEPUIS deux mois, Raphaël vivait en Pauline, et Pauline en Raphaël. Leur mariage, retardé par des difficultés peu intéressantes à raconter, devait se célébrer dans les premiers jours de mars; mais une passion forte et vraie leur avait fait mépriser les lois sociales.

Ils s'étaient éprouvés, ne doutaient point d'eux-mêmes, et, le bonheur leur ayant révélé toute la puissance de leur affection, jamais deux ames, deux caractères ne s'étaient aussi parfaitement unis. En s'étudiant, ils s'aimèrent davantage.

C'était de part et d'autre, même délicatesse,

160 LA PEAU DE CHAGRIN.

même pudeur, même volupté, la plus douce de toutes les voluptés, celle des anges. Point de nuages dans leur ciel : les désirs de l'un faisaient la loi de l'autre.

Riches tous deux, ils ne connaissaient point de caprices qu'ils ne pussent satisfaire, et, partant, n'avaient point de caprices. Un goût exquis, le sentiment du beau, une vraie poésie animaient l'ame de l'épouse. La mousseline, les fleurs lui étaient de ravissantes parures. Dédaignant les diamans, et tous les colifichets de la finance, un sourire de son ami lui semblait plus beau que toutes les perles d'Ormus.

Puis, Pauline et Raphaël fuyaient le monde. La solitude leur était si belle, si féconde en plaisirs...

Les oisifs voyaient exactement tous les soirs ce joli ménage de contrebande, aux Italiens ou à l'Opéra.

Si, d'abord, quelques médisances égayèrent les salons, bientôt le torrent d'événemens qui passait alors sur Paris fit oublier deux amans inoffensifs. Enfin, puissante excuse auprès des prudes, leur mariage était annoncé, et leurs gens se trouvaient discrets par hasard. Donc, aucune méchanceté trop vive ne les punit de leur bonheur.

L'AGONIE. 161

Vers la fin du mois de février, époque à laquelle d'assez beaux jours firent croire aux joies du printemps, un matin, Pauline et Rapaël déjeunaient ensemble dans une petite serre, espèce de salon rempli de fleurs, et de plain pied avec le jardin.

Le doux et pâle soleil de l'hiver dont les rayons se brisaient à travers des arbustes rares, tiédissait alors la température. Les yeux étaient égayés par les vigoureux contrastes des divers feuillages, par les couleurs des touffes fleuries et par toutes les fantaisies de la lumière et de l'ombre.

Quand tout Paris se chauffait encore devant de tristes foyers, les deux jeunes époux riaient sous un berceau de camélias, de lilas, de bruyè-res; et leurs têtes joyeuses s'élevaient au des-sus des narcisses, des muguets et des roses du Bengale.

Dans cette serre voluptueuse et riche, les pieds foulaient une natte africaine coloriée comme un tapis, et n'y rencontraient même pas un grain de sable. Les parois tendues en coutil vert n'offraient pas la moindre trace d'humidité. L'ameublement était de bois en apparence grossier, mais dont l'écorce polie brillait de propreté.

I.   14.

162   LA PEAU DE CHAGRIN.

Un jeune chat accroupi sur la table, où l'avait attiré l'odeur du lait, se laissait barbouiller de café par Pauline, qui, folâtre, jouait avec lui, défendait la crême, ne lui permettant guères que de la flairer afin d'entretenir sa patience et le combat. Elle éclatait de rire à chacune de ses grimaces, et débitait mille plaisanteries pour empêcher Raphaël de lire le journal, qui, dix fois déjà, lui était tombé des mains. Il y avait, dans cette scène matinale, un bonheur inexprimable comme tout ce qui est profondément naturel et vrai.

Raphaël, feignant toujours de lire sa feuille, contemplait à la dérobée Pauline aux prises avec le chat, sa Pauline enveloppée d'un long peignoir qui la lui voilait imparfaitement, et, les cheveux en désordre, et montrant un petit pied blanc veiné de bleu dans une pantoufle de velours noir. Charmante à voir ainsi déshabillée, et délicieuse comme les fantastiques figures de Westhall, elle semblait être tout à la fois jeune fille et femme; et peut-être même, encore plus jeune fille que femme, parce que, sans doute, elle jouissait d'une félicité sans mélange, et ne connaissait de l'amour que ses premières joies.

Au moment où, tout-à-fait absorbé par sa

douce rêverie, Raphaël avait oublié son journal, Pauline le saisit, le chiffonna, en fit une boule, le lança dans le jardin, et le chat courut après la politique tournant, comme toujours, sur elle-même. Puis, quand Raphaël, distrait par cette scène enfantine, voulut continuer à lire et fit le geste de lever la feuille qu'il n'avait plus, il y eut des rires francs, joyeux, renaissant d'eux-mêmes comme les chants d'un oiseau.

— Je suis jalouse du journal!... dit-elle en essuyant les larmes que son rire d'enfant avait fait couler, et redevenant femme tout à coup. N'est-ce pas une félonie que de lire des proclamations russes en ma présence, et de préférer la prose de l'empereur Nicolas à des paroles, à des regards d'amour?...

— Je ne lisais pas, mon ange aimé, je te regardais...

En ce moment, le pas lourd du jardinier dont les souliers ferrés faisaient crier le sable des allées retentit près de la serre.

— Excusez, Monsieur le marquis, si je vous interromps ainsi que Madame.... Mais je vous apporte une curiosité comme je n'en ai jamais vue. En tirant tout à l'heure, sous votre respect, un seau d'eau, j'ai amené cette singulière plante marine!... La voilà! Faut, tout de

164 LA PEAU DE CHAGRIN.

même, que ce soit bien accoutumé à l'eau, car ce n'était point mouillé, ni humide. C'était sec comme du bois ! Et c'est point gras du tout. Comme Monsieur le marquis est plus savant que moi certainement, j'ai pensé qu'il fallait la lui apporter.

Et le jardinier montrait à Raphaël l'inexorable peau de chagrin, effroyablement réduite. Elle n'avait pas un pied carré de superficie.

— Merci, Vanière... dit Raphaël. C'est une chose très-curieuse.

— Qu'as-tu, mon ange?.. tu pâlis!.. s'écria Pauline.

— Laissez-nous, Vanière...

Le jardinier s'éloigna.

— Ta voix m'effraie... reprit la jeune fille. Elle est singulièrement altérée. Qu'as-tu? Que sens-tu?... Où as-tu mal?... Tu as mal?... Un médecin!.. cria-t-elle. Jonathas! Au secours!..

— Ma Pauline, tais-toi ! répondit Raphaël en recouvrant son sang-froid. Sortons. Il y a près de moi une fleur dont le parfum m'incommode. — Peut-être, est-ce cette verveine?..

Pauline s'élança sur l'innocent arbuste, le saisit par la tige, et le jeta dans le jardin.

— Oh! ange! s'écria-t-elle en serrant Raphaël par une étreinte aussi puissante que leur amour, et lui apportant, avec une langoureuse coquetterie, ses lèvres vermeilles à baiser. En te voyant pâlir, j'ai compris que je ne te survivrais pas!... Oui, ta vie est ma vie!.... Mon Raphaël, passe-moi ta main sur le dos?.... J'y sens encore *la petite mort*... j'y ai froid...

— Comme tes lèvres sont brûlantes!... Et ta main!... — Elle est glacée!... ajouta-t-elle..

— Tu es folle?... s'écria Raphaël.

— Pourquoi cette larme?.. dit-elle. Laisse-la-moi boire!..

—Oh! Pauline! Pauline!.. tu m'aimes trop!..

— Il se passe en toi quelque chose d'extraordinaire, Raphaël?... — Sois vrai... Ah! va, je saurai bientôt ton secret.... — Donne-moi cela?...

Elle prit la peau de chagrin.

—Tu es mon bourreau!.. cria le jeune homme en jetant un regard d'horreur sur le talisman.

—Oh! quelle voix!...

Pauline laissa tomber le fatal symbole du destin, et regardant Raphaël :

— Qu'as-tu dit, mon ange?

— M'aimes-tu?

— Oh, si je t'aime!.. Est-ce une question?..

— Eh bien! laisse-moi... Va-t'en!

Soumise, la pauvre petite s'en alla, mais pleurant.

XLII.

— Quoi ! s'écria Raphaël, dans un siècle de lumière, où nous avons appris que les diamans n'étaient que du carbone solide ;

A une époque où tout s'explique, où la police traduirait un nouveau Messie devant les tribunaux, soumettrait ses miracles à l'Académie des Sciences ;

Dans un temps où nous ne croyons plus qu'aux paraphes des notaires !...

Je croirai, — moi !.... — à une espèce de *Mané — Thekel — Pharès*.

Non, de par Dieu ! je ne penserai pas que

l'Être-Suprême puisse trouver du plaisir à tourmenter une honnête créature...

Allons voir les savans!...

Alors il arriva bientôt, entre la Halle aux Vins, immense recueil de tonneaux, et la Salpétrière, immense séminaire d'ivrognerie, devant une petite mare infecte où s'ébaudissaient des canards aussi remarquables par la rareté des espèces que par la diversité du plumage... Leurs ondoyantes couleurs, semblables aux vitraux d'une cathédrale, pétillaient sous les rayons du soleil. Et tous les canards du monde étaient là, criant, barbottant, grouillant et formant une espèce de chambre canarde rassemblée contre son gré; mais heureusement sans roi, sans principes, et vivant, sans rencontrer de chasseurs, sous l'œil des naturalistes qui les regardaient assez rarement.

— Monsieur est là!.. dit à Raphaël un porteclefs.

Le marquis vit un petit homme entre deux âges et profondément enfoncé dans quelque sage méditation à l'aspect de deux carnards. Il avait la physionomie douce, un air obligeant, mais il régnait dans toute sa personne une préoccupation scientifique. Sa perruque, incessamment grattée, fantasquement retroussée par le col de l'habit, laissait voir une ligne de cheveux blancs et accusait la fureur des découvertes qui, semblable à toutes les passions, nous arrache si puissamment aux choses de ce monde.

Raphaël, homme de science et d'étude, admira ¡consciencieusement ce naturaliste dont les veilles étaient consacrées à l'agrandissement des connaissances humaines, et qui, même par ses erreurs, servait encore la gloire de la France. Mais une petite maîtresse aurait ri sans doute, en remarquant la solution de continuité qui se trouvait entre la culotte et le gilet rayé du savant. Cet interstice était d'ailleurs chastement rempli par une chemise qu'il avait copieusement froncée, en se baissant et se levant tour-à-tour au gré de ses observations zoogénésiques.

Après quelques premières phrases de politesse, Raphaël crut nécessaire d'adresser à M. Lacrampe un compliment banal sur ses canards...

— Oh! nous sommes riches en canards!.... répondit le naturaliste. — C'est, du reste, comme vous le savez sans doute, le genre le plus fécond de l'ordre des Palmipèdes... Il commence au *Cygne* et finit au *Canard Zinzin,* comprenant cent trente-sept variétés d'individus bien distincts, ayant leurs noms, leurs mœurs, leurs patries, leurs physionomies; et ils ne se ressemblent pas plus entre eux qu'un blanc ne ressemble à un nègre!...

En vérité, Monsieur, quand nous mangeons un canard, la plupart du temps, nous ne nous doutons guère de l'étendue...

Il s'interrompit à l'aspect d'un joli petit canard qui remontait le talus de la mare.

— C'est le cygne à cravate, que vous voyez là... Pauvre enfant du Canada! venu de bien loin pour nous montrer son plumage brun et gris, sa petite cravate noire... — Tenez! il se gratte...

Voici la fameuse oie à duvet ou canard *Eider*, sous l'édredon de laquelle dorment nos petites maîtresses... Est-elle jolie?... Qui n'admirerait pas ce petit ventre d'un blanc rougeâtre, ce bec vert?

— Je viens, Monsieur, reprit-il, d'être témoin d'un accouplement dont j'avais jusqu'alors désespéré... Le mariage s'est fait assez heureusement, et j'en attendrai fort impatiemment le résultat. Je me flatte d'obtenir une cent trente-sixième espèce à laquelle peut-être mon nom sera donné!...

— Voici les nouveaux époux, dit-il en montrant deux canards. — C'est une *oie rieuse* (*anas albifrons*) et le *grand canard siffleur* (*anas rufina* de Buffon). J'avais long-temps hésité entre le canard siffleur, le canard à sourcils blancs et le canard souchet (*anas clypeata*)... Tenez... voici le souchet ! C'est ce gros brun-noir, dont le col est verdâtre et si coquettement irisé... Mais, Monsieur, le *canard siffleur* était huppé !... alors vous comprenez que je n'ai plus balancé !...

Il ne nous manque ici que le canard varié *à calotte noire.*

Ces messieurs prétendent unanimement que ce canard fait double emploi avec le canard-sarcelle à bec recourbé ; quant à moi...

Il fit un geste admirable qui peignit à la fois la modestie et l'orgueil des savans, orgueil plein d'entêtement, modestie pleine de suffisance.

— Je ne le pense pas... ajouta-t-il. — Vous voyez, mon cher Monsieur, que nous ne nous amusons pas ici... Je m'occupe en ce moment de la monographie du genre canard. — Mais je suis à vos ordres...

Tout en se dirigeant vers une maison assez jolie de la rue Buffon, Raphaël soumit la peau de chagrin aux investigations de M. Lacrampe.

— Je connais cela!..... répondit le savant,
après avoir braqué sa loupe sur le talisman.
C'est quelque dessus de boîte... Le chagrin est
fort ancien!... Aujourd'hui les gaîniers préfè-
rent se servir de *galuchat*..... Le galuchat est,
comme vous le savez sans doute, la dépouille
du *Raja sephen*, un poisson de la mer Rouge...

— Mais ceci, Monsieur, puisque vous avez
l'extrême bonté...

— Ceci! — reprit le savant. —Eh bien, entre le galuchat et le chagrin, il y a, Monsieur,
toute la différence de l'océan à la terre, du
poisson à un quadrupède; et cependant, la
peau du poisson est plus dure que la peau de
l'animal terrestre...

— Ceci, dit-il en montrant le talisman, est,
comme vous le savez sans doute, un des produits
les plus curieux de la zoologie.

— Voyons!... s'écria Raphaël.

— Monsieur, répondit le savant en s'enfonçant dans son fauteuil, ceci... est — une *peau
d'âne !*...

— Je le sais, dit le jeune homme.

— Il existe en Perse, reprit le naturaliste,
un âne extrêmement rare — l'*onagre* des anciens, — *equus asinus*, — le *koulan* des Ta-
tars. — Pallas a été l'observer et l'a rendu à la

172 LA PEAU DE CHAGRIN.

science. — En effet cet animal avait long-temps passé pour fantastique. Il est, comme vous le savez, célèbre dans l'écriture sainte, et Moïse avait défendu de l'accoupler avec ses congénères. — Mais l'onagre est encore plus fameux par les prostitutions dont il a été l'objet, et dont parlent souvent les prophètes bibliques...

Pallas, comme vous le savez sans doute, déclare, dans ses *Act. Petrop...* tome II, que ces excès bizarres sont encore religieusement accrédités chez les Persans et les Nogaïs comme un remède souverain contre les maux de reins et la goutte sciatique... Nous ne nous doutons guère de cela, nous autres pauvres Parisiens... le Muséum ne possède même pas d'onagre.

— Quel superbe animal!... reprit le savant. Puis, plein de mystères!... Son œil est muni d'une espèce de tapis réflecteur auquel les Orientaux attribuent le pouvoir de la fascination. Sa robe est plus élégante et plus polie que celle de nos plus beaux chevaux ; elle est sillonnée de bandes plus ou moins fauves et ressemble beaucoup à la peau du zèbre. Son lainage a quelque chose de moelleux, d'ondoyant, de gras au toucher... Sa vue égale en justesse et en précision la vue de l'homme. Un peu plus grand que nos plus beaux ânes domestiques, il

L'AGONIE. 173

est doué d'un courage extraordinaire ; et ,
quand , par hasard , il est surpris , il se défend
avec une supériorité remarquable contre les
bêtes les plus féroces. Quant à la rapidité de sa
marche , elle ne peut se comparer qu'au vol des
oiseaux !.... Un onagre , Monsieur , tuerait à la
course les meilleurs chevaux arabes ou persans.

D'après le père du consciencieux docteur
Niébuhr — dont , comme vous le savez sans
doute , nous déplorons encore la perte récente,
— le terme moyen du pas ordinaire de ces admirables créatures est de sept mille pas géo-
métriques par heure ! — Nos ânes dégénérés ne
sauraient donner une idée de cet âne indépen-
dant et fier. Il a le port leste , animé, l'air spirituel, fin , une physionomie gracieuse, des
mouvemens pleins de coquetterie !... — C'est
le roi de l'Orient.

Les superstitions turques et persanes lui donnent même une mystérieuse origine, et le nom
de Salomon se mêle à tous les récits que les conteurs du Thibet et de la Tatarie font sur les
prouesses attribuées à ces nobles animaux. Enfin , un onagre apprivoisé vaut des sommes immenses ; mais il est presque impossible de les
saisir dans leurs montagnes où ils bondissent
comme des chevreuils, et semblent voler comme

174 LA PEAU DE CHAGRIN.

des oiseaux. La fable des chevaux ailés, notre Pégase a sans doute pris naissance dans ces pays, où les bergers ont pu voir souvent un onagre sautant d'un rocher à un autre.

Les ânes de selle obtenus en Perse, par l'accouplement d'une ânesse avec un onagre apprivoisé, sont peints en rouge, suivant une immémoriale tradition. Cet usage a donné lieu peut-être à notre proverbe : — *méchant comme un âne rouge*... A une époque où l'histoire naturelle était très-négligée en France, un voyageur aura, je pense, amené un de ces animaux curieux qui supportent fort impatiemment l'esclavage ; et... de là, le dicton !

— La peau que vous me présentez, reprit le savant, est la peau d'un onagre !... Nous varions sur l'origine du nom... Les uns prétendent que *Chagri* est un mot turc ; d'autres veulent que *Chagri* soit la ville où cette dépouille zoologique subit une préparation chimique, assez bien décrite par Pallas et qui lui donne le grain particulier que nous admirons. M. Martellens m'a écrit que *Cháagri* est un ruisseau.

— Monsieur, je vous remercie de m'avoir donné des renseignemens qui fourniraient une admirable note à quelque Dom Calmet si les bénédictins existaient encore ; mais j'ai eu l'honneur de vous faire observer que ce fragment était primitivement d'un volume égal à... — à cette carte géographique — dit Raphaël en montrant à M. Lacrampe un altas ouvert ; et depuis trois mois'elle s'est insensiblement contractée...

— Bien !.. reprit le savant. Je comprends... Mais, Monsieur, toutes les dépouilles d'êtres primitivement organisés sont sujets à un dépérissement naturel, facile à concevoir, et dont les progrès sont soumis aux influences atmosphériques..... Les métaux eux-mêmes se dilatent ou se resserrent d'une manière sensible. — Les ingénieurs ont observé des déplacemens assez considérables de pierres trèspesantes, dans lesquelles des barres de fer avaient seulement été scellées... La science est vaste, et la vie humaine est bien courte ; aussi, n'avons-nous pas la prétention de connaître tous les phénomènes de la nature.

— Monsieur, reprit Raphaël presque confus, excusez la demande que je vais vous faire. Êtes-vous bien sûr que cette peau soit soumise aux lois ordinaires de la zoologie, qu'elle puisse s'étendre ?...

— Oh ! certes...

M. Lacrampe essaya de tirer le talisman.

— Ah ! peste... s'écria-t-il... — Mais, Monsieur, reprit-il, si vous voulez aller voir M. Planchette, le célèbre professeur de mécanique, il trouvera certainement un moyen d'agir sur cette peau, de l'amollir, de la distendre.

— Oh ! Monsieur, vous me sauvez la vie !..

Raphaël salua le savant naturaliste et courut chez M. Planchette, laissant le bon Lacrampe au milieu de son cabinet rempli de monstres, de fœtus, de bocaux, de plantes séchées, remportant de cette visite, sans le savoir, toute la science humaine : — une nomenclature !...

Ce bon homme ressemblait à Sancho Pança racontant à Don Quinchotte l'histoire des moutons. Il s'amusait à compter des brebis, à les numéroter ; et, arrivé sur le bord de la tombe, il connaissait à peine une petite fraction des incommensurables nombres du grand troupeau, jeté par Dieu à travers l'océan des mondes, dans un but ignoré.

Raphaël était content.

— Je vais tenir mon âne en bride !... s'écriait-il.

Sterne avait dit avant lui : — Ménageons notre âne, si nous voulons vivre vieux !...

Mais la bête est si fantasque !

XLIII.

M. Planchette est un grand homme sec, véritable poète perdu dans une perpétuelle contemplation, regardant toujours un abîme sans fond : — LE MOUVEMENT !...

Le vulgaire taxe de folie ces esprits sublimes, gens incompris qui vivent dans une admirable insouciance du luxe et du monde, restant des journées entières occupés à fumer un cigare éteint, ou venant dans un salon sans avoir toujours bien exactement marié les boutons de leurs vêtemens avec les boutonnières. Mais un jour, après avoir long-temps mesuré le vide, ou entassé des × sous des Aa + gG, ils ont analysé quelque loi naturelle, décomposé le plus simple des principes, et tout à coup la foule admire une nouvelle machine, ou quelque haquet dont la facile structure nous étonne et nous confond !

Et le savant modeste sourit en disant à ses admirateurs :

— Qu'ai-je donc créé? Rien. L'homme n'invente pas une force, il la dirige, et la science consiste à imiter la nature.

Raphaël surprit M. Planchette immobile, et planté sur ses deux jambes, comme un pendu tombé droit sous une potence. Le mathématicien examinait une bille d'agate roulant sur un cadran solaire, attendant, sans doute, qu'elle s'y arrêtât...

M. Planchette n'était ni décoré, ni pensionné. Le pauvre homme ne savait pas enluminer ses calculs. Se trouvant heureux de vivre à l'affût d'une découverte, il ne pensait ni à la gloire, ni au monde, ni à lui-même, et vivait dans la science, pour la science.

— Cela est indéfinissable!... s'écria-t-il.

— Ah! ah!... Monsieur, reprit-il en apercevant Raphaël, je suis votre serviteur.... Comment va la maman?... Allez voir ma femme...

L'AGONIE. 179

— J'aurais cependant pu vivre ainsi ! pensa Raphaël.

Puis, il tira le savant de sa rêverie en lui demandant le moyen d'agir sur le talisman, qu'il lui présenta.

— Dussiez-vous rire de ma crédulité, Monsieur, dit le marquis en terminant, je ne vous cacherai rien... Cette peau me semble posséder une force de résistance sur laquelle rien ne peut prévaloir.

M. Planchette sourit dédaigneusement.

— Monsieur, dit-il, les gens du monde traitent toujours la science assez cavalièrement; et, tous, nous disent à peu près ce qu'un *Incroyable* disant à M. De Lalande en lui amenant des dames après l'éclipse : — *Ayez la bonté de recommencer...*

Mais, voyons ? Quel effet voulez-vous produire ?...

La mécanique a pour but, soit d'appliquer les lois du mouvement, soit de les neutraliser.

Quant au mouvement en lui-même, je vous déclare avec humilité que nous sommes hors d'état de le définir.

Cela posé, nous avons remarqué certains phénomènes constants qui régissent l'action des solides et des fluides; et nous pouvons, en re-

180 LA PEAU DE CHAGRIN.

produisant les causes génératrices de ces phénomènes, arriver à transporter les corps, à leur
transmettre une force locomotive dans des rap-
ports de vitesse déterminée ; à les lancer ; à les
diviser simplement ou à l'infini, soit que nous
les cassions ou les pulvérisions ; puis, à les tordre,
à leur imprimer une rotation, à les modifier,
à les comprimer, à les dilater, les étendre...

Et toute cette science, Monsieur, repose sur
un seul fait.

— Vous voyez cette bille, reprit-il. Regar-
dez... Elle est ici — sur cette pierre. — La voici
maintenant là. De quel nom appellerons-nous
cet acte si physiquement naturel et cependant si
moralement extraordinaire?... Mouvement, —
locomotion, — changement de lieu?... Quelle
immense vanité n'est pas cachée sous les mots
humains? Un nom!.. Est-ce donc une solution?
Voilà pourtant toute la science !... Nos machi-
nes ne font que décomposer cet acte, ce fait.
Nous pouvons avec ce léger phénomène, opéré
sur une masse, faire sauter Paris !... Nous pouvons augmenter la vitesse aux dépens de la
force, et la force aux dépens de la vitesse. Et
qu'est-ce que la force et la vitesse? Notre science
est impuissante à le dire, comme elle l'est à
créer un mouvement; car un mouvement quel

L'AGONIE. 181

qu'il soit, est un immense pouvoir!..... Et l'homme n'invente pas de pouvoirs! Le pouvoir est un, comme le mouvement qui est l'essence même du pouvoir. Tout est mouvement. La pensée est un mouvement. La nature entière repose sur le mouvement. La mort n'est que l'absence du mouvement; et, si Dieu est éternel, c'est qu'il est toujours en mouvement. Dieu est le mouvement, peut-être!.. Voilà pourquoi le mouvement est inexplicable comme lui ; comme lui, profond, sans bornes, incompréhensible, intangible... Qui a jamais touché, compris mesuré le mouvement? — Nous en sentons les effets sans le voir. Nous pouvons même le nier comme nous nions Dieu! Où est-il, où n'est-il pas? D'où part-il? Où en est le principe? Où en est la fin? Il nous enveloppe, nous presse et nous échappe. Il est évident comme un fait, obscur comme une abstraction!... et tout à la fois effet et cause. Il lui faut comme à nous l'espace, et qu'est-ce que l'espace? Le mouvement seul nous le révèle, et sans le mouvement, il n'est plus qu'un mot. Problème insoluble, semblable au vide, semblable à la création, à l'infini. Il confond la pensée humaine, et tout ce qu'il est permis à l'homme de concevoir, c'est qu'il ne le concevra jamais!.....

I.   16

— Entre chacun des points successivement occupés par cette bille dans l'espace, reprit le savant, il y a un abîme pour la raison humaine, un abîme, Monsieur, où est tombé Pascal!...

Pour agir sur la substance inconnue que vous voulez soumettre à une force inconnue, il faut d'abord étudier cette substance!...

D'après sa nature, ou elle se brisera sous un choc, ou elle y résistera. — Si elle doit se diviser et que votre intention ne soit pas de la partager, nous n'atteindrons pas le but proposé!

Voulez-vous la comprimer?...

Il faut transmettre un mouvement égal à toutes les parties de la substance de manière à diminuer uniformément l'intervalle qui les sépare.

Désirez-vous l'étendre? ..

Nous devrons tâcher d'imprimer à chaque molécule une force excentrique égale, car sans l'observation exacte de cette loi, nous y produirions des solutions de continuité...

Il existe, Monsieur, des modes infinis, des combinaisons sans bornes dans le mouvement; à quel effet vous arrêtez-vous?...

— Monsieur, dit Raphaël impatienté, je désire une pression quelconque assez forte pour étendre indéfiniment cette peau...

L'AGONIE. 183

— La substance étant finie, répondit le mathématicien, ne saurait être distendue indéfiniment; mais la compression multipliera nécessairement l'étendue de sa surface aux dépens
de l'épaisseur ; bref elle s'amincira jusqu'à ce
que la matière manque...

— Obtenez ce résultat,... Monsieur !... s'écria
Raphaël, et vous aurez gagné deux millions !...

— Je vous volerais votre argent, répondit
le professeur avec le flegme d'un Hollandais.
Je vais vous démontrer en deux mots l'existence
d'une machine sous laquelle Dieu lui-même serait écrasé comme une mouche. Elle réduirait
un homme à l'état de papier brouillard, un
homme botté, éperonné, cravaté, chapeau,
or, bijoux, tout...

— Quelle horrible machine !...

— Au lieu de jeter leurs enfans à l'eau, les
Chinois devraient les utiliser ainsi... reprit le
savant sans penser au respect de l'homme pour
sa progéniture.

Et, tout entier à son idée, M. Planchette prit
un pot de fleurs vide, en terre rouge, troué
dans le fond, le posa sur la dalle gnomonique;
puis, apercevant un peu de terre glaise dans un
coin du jardin, il alla en chercher un morceau.

Raphaël stupéfait, resta *charmé* comme un

enfant écoutant quelque histoire merveilleuse contée par sa nourrice.

M. Planchette jeta sa terre glaise sur la dalle ; puis, tirant de sa poche une serpette, il coupa deux branches de sureau, et se mit à les vider ; mais tout en préparant sa machine, il sifflait et chantait comme si Raphaël n'eût pas été là.

— Tout est prêt !... dit-il.

Alors, il attacha fort habilement, par un coude en terre glaise, l'un de ses tuyaux de bois au fond du pot, de manière à ce que le trou du sureau correspondît à celui du vase. Vous eussiez dit une énorme pipe. Puis, il étala sur la dalle du cadran solaire un lit de glaise auquel il donna la forme d'une pelle, assit le pot de fleurs dans la partie la plus large, et fixa la branche de sureau sur la portion qui en répresentait le manche. Enfin, mettant un pâté de terre glaise à l'extrémité du tube en sureau, il y planta l'autre branche creuse, toute droite, mais en pratiquant un autre coude pour la joindre à la branche horizontale, en sorte que l'air, ou tel fluide ambiant donné, pût circuler dans cette machine improvisée, et courir, depuis l'embouchure du tube vertical, à travers le canal intermédiaire, jusque dans le grand pot de fleurs vide.

L'AGONIE. 185

— Monsieur, cet appareil, dit-il à Raphaël avec le sérieux d'un académicien prononçant son discours de réception, est le plus beau titre du grand Pascal à notre admiration.

— Je ne comprends pas...

Le savant sourit.

Il alla détacher d'un arbre fruitier une petite bouteille dans laquelle son pharmacien lui avait envoyé une liqueur où se prenaient les fourmis; il en cassa le fond, se fit un entonnoir, l'adapta soigneusement au trou de la branche creuse qu'il avait fixée verticalement dans l'argile, en opposition au grand réservoir figuré par le pot de fleurs; et, au moyen d'un arrosoir, il y versa la quantité d'eau nécessaire pour qu'elle se trouvât également bord à bord et dans le grand vase et dans la petite embouchure circulaire du sureau.

Raphaël pensait à sa peau de chagrin.

— Monsieur, dit le mécanicien, l'eau passe encore aujourd'hui pour un corps incompressible. N'oubliez pas ce principe fondamental. Néanmoins elle se comprime; mais si légèrement, que nous devons compter sa faculté contractile comme zéro.

— Vous voyez la surface que présente l'eau arrivée à la superficie du pot de fleurs.

186 LA PEAU DE CHAGRIN.

— Oui, Monsieur.

— Hé bien, supposez cette surface mille fois plus étendue que ne l'est l'orifice du bâton de sureau par lequel j'ai versé le liquide... Tenez, j'ôte l'entonnoir.

— D'accord...

— Hé bien, Monsieur. si par un moyen quelconque j'augmente le volume de cette masse en introduisant encore de l'eau par l'orifice du petit tuyau, le fluide sera contraint d'y descendre, et de monter dans le réservoir figuré par le pot de fleurs jusqu'à ce que le liquide arrive à un même niveau dans l'un et l'autre.

— Cela est évident!... s'écria Raphaël.

— Mais il y a cette différence, reprit le savant, que si la mince colonne d'eau ajoutée dans le petit tube vertical y représente une force égale, au poids d'une livre, par exemple, comme son action se transmettra fidèlement à la masse liquide et viendra réagir sur tous les points de la surface qu'elle présente dans le pot de fleurs, il s'y trouvera mille colonnes d'eau qui, tendant toutes à s'élever comme si elles étaient poussées par une force égale à celle qui fait descendre le liquide dans le bâton de sureau vertical, produiront nécessairement ici..... dit M. Planchette en montrant à Raphaël l'ouver-

L'AGONIE. 187

ture du pot de fleurs, une puissance mille fois plus considérable que la puissance introduite là....

Et le savant indiquait du doigt au marquis le tuyau de bois fiché droit dans la glaise.

— Cela est tout simple !... dit Raphaël.

M. Planchette sourit.

— En d'autres termes, reprit-il avec cette ténacité de logique naturelle aux mathématiciens, il faudrait pour repousser l'irruption de l'eau, déployer, sur chaque partie de la grande surface, une force égale à la force agissant dans le conduit vertical; à cette différence près, que, si la colonne liquide y est haute d'un pied, les mille petites colonnes de la grande surface n'y auront qu'une très-faible élévation...

— Maintenant, dit Planchette en donnant une chiquenaude à ses bâtons, remplaçons ce petit appareil grotesque par des tubes métalliques d'une force et d'une dimension convenables... Si vous couvrez d'une forte platine mobile la surface fluide du grand réservoir, et, qu'à cette platine, vous en opposiez une autre dont la résistance et la solidité soient à toute épreuve; si, de plus, vous m'accordez la puissance d'ajouter sans cesse de l'eau par le petit tube vertical à la masse liquide, l'objet, pris entre les deux plans solides, doit nécessairement céder à l'immense action qui le comprime indéfiniment.

Or, le moyen d'introduire constamment de l'eau par le petit tube est une niaiserie en mécanique, ainsi que le mode de transmettre la puissance de la masse liquide, à une platine... Deux pistons et quelques soupapes suffisent!...

— Alors, concevez-vous, mon cher Monsieur, dit-il en prenant le bras de Valentin, qu'il n'existe guères de substance, qui, prise entre ces deux résistances indéfinies, ne soit fatalement contrainte à s'étaler...

— Quoi! l'auteur des *Lettres provinciales* a inventé!... s'écria Raphaël.

— Lui seul!... Monsieur. La mécanique ne connaît rien de plus simple ni de plus beau.... Le principe contraire, l'expansibilité de l'eau a créé la machine à vapeur... Mais l'eau n'est expansible qu'à un certain degré, tandis que son incompressibilité, étant une force en quelque sorte négative, se trouve nécessairement infinie...

— Si cette peau s'étend!... dit Raphaël, je vous promets d'élever une statue colossale à Blaise Pascal; de fonder un prix de cent mille francs pour le plus beau problème de mécanique résolu dans chaque période de dix ans; de doter vos cousines, arrière-cousines; et, enfin, de bâtir un hôpital destiné aux mathématiciens devenus fous !...

— Ce serait fort utile !... dit M. Planchette.

— Monsieur, reprit-il avec le calme d'un homme vivant dans une sphère tout intellectuelle, nous irons demain chez M. Spieghalter... Ce mécanicien distingué vient de confectionper, d'après mes plans, une machine perfectionnée avec laquelle un enfant peut faire tenir cent bottes de foin dans un chapeau.

— A demain, Monsieur.

— A demain.

— Parlez-moi de la mécanique !..... s'écria Raphaël. N'est-ce pas la plus belle de toutes les sciences !... L'autre avec ses Onagres, ses classemens, ses canards, ses genres et ses bocaux pleins de monstres, est tout au plus bon à marquer les points dans un billard public !...

XLIV.

Le lendemain, Raphaël, tout joyeux, vint chercher M. Planchette.

Ils allèrent ensemble dans la rue de la Santé, nom de favorable augure!...

En entrant chez Spieghalter, le jeune homme se trouva dans un établissement immense, où ses regards tombèrent sur une multitude de forges rouges et rugissantes. C'était une pluie de feu, un déluge de clous, un océan de pistons, de vis, de leviers, de traverses, de limes, d'écrous, une mer de fontes, de bois, de soupapes et d'aciers en barres. La limaille prenait

à la gorge. Il y avait du fer dans la température ; les hommes étaient couverts de fer ; tout
puait le fer. Le fer avait une vie, il était orga-
nisé, il se fluidifiait, marchait, pensait en prenant toutes les formes, obéissant à tous les caprices...

Enfin, à travers les hurlemens des soufflets,
les *crescendo* des marteaux, les sifflemens des
tours qui faisaient grogner le fer, il arriva dans
une grande pièce, propre et bien aérée, où il
put contempler à son aise la presse immense
dont M. Planchette lui avait parlé. Il admira
des espèces de madriers en fonte, et des jumelles en fer, unies par une indestrutible conca-
ténation.

— Si vous tourniez sept fois cette manivelle
avec promptitude.... lui dit M. Spieghalter en
lui montrant un balancier de fer poli, vous feriez jaillir une planche d'acier en des milliers
de jets qui vous entreraient dans les jambes
comme des aiguilles.

— Peste !... s'écria Raphaël.

M. Planchette glissa lui-même la peau de
chagrin entre les deux platines de cette presse
infernale ; et, avec la sécurité que donnent les
convictions scientifiques, il manœuvra vivement
le balancier.

192 — LA PEAU DE CHAGRIN.

— Couchez-vous tous !..... Nous sommes morts!... cria Spieghalter d'une voix tonnante en se laissant tomber lui-même à terre.

Un sifflement horrible retentit dans les ateliers. L'eau contenue dans la machine brisa la fonte, produisit un jet d'une incroyable puissance, et se dirigea heureusement sur une veille forge qu'elle renversa, bouleversa, tordit comme lorsqu'une trombe entortille une maison et l'emporte avec elle.

— Oh! oh!.... dit tranquillement M. Planchette, le chagrin est sain comme mon œil! — Maître Spieghalter, il y avait une paille dans votre fonte !... ou un interstice dans le grand tube...

— Non, non !... je connais ma fonte... Monsieur peut remporter sou outil! Il faut que le diable soit logé dedans...

L'Allemand furieux , saisit un marteau de forgeron, jeta la peau sur une enclume, et, avec toute la force que donne la colère, il déchargea sur le talisman le plus terrible coup qui jamais eût mugi dans ses ateliers.

— Il n'y paraît seulement pas !..... s'écria M. Planchette surpris et caressant le chagrin rebelle.

Les ouvriers accoururent. Le contre-maître

prit la peau, la plongea dans le charbon de terre d'une forge ; et, tous rangés en demi-cercle autour du feu, attendirent avec impatience le jeu d'un énorme soufflet...

Raphaël, M. Spieghalter, le professeur Planchette occupaient le centre de cette foule noire et attentive. En voyant tous ces yeux blancs, ces têtes poudrées de fer, ces vêtemens noirs et luisant, ces poitrines poilues, Raphaël se crut transporté dans le monde nocturne et fantastique des ballades allemandes.

Le contre-maître saisit la peau avec des pinces après l'avoir laissée dans le foyer pendant dix minutes...

— Rendez-la-moi !... s'écria Raphaël.

Le contre-maître la présenta par plaisanterie à Raphaël, qui la mania facilement. Elle était froide, souple et ductile sous ses doigts,..

Un cri d'horreur s'éleva de toutes parts. Les ouvriers s'enfuirent. Valentin resta seul avec M. Planchette dans l'atelier désert.

— C'est vrai !... Il y a certes quelque chose de diabolique là-dedans !... s'écria Raphaël au désespoir. Aucune puissance humaine ne saurait donc me donner un jour de plus !...

— Monsieur, j'ai tort !... répondit le mathématicien d'un air contrit. — Nous devions soumettre cette peau singulière à l'action d'un laminoir.... Où diable avais-je les yeux en vous proposant une pression !...

— C'est moi qui l'ai demandée !.... répliqua Raphaël.

Le savant respira comme un coupable acquitté par douze jurés.

— Il faut traiter cette substance inconnue par des réactifs !.. dit froidement M. Planchette après un moment de silence. Allons voir Japhet! La Chimie sera peut-être plus heureuse que la Mécanique !

Valentin mit son cheval au galop, dans l'espoir de rencontrer le fameux chimiste Japhet, à son laboratoire.

— Hé bien, mon vieil ami? dit Planchette en apercevant Japhet assis dans un fauteuil et contemplant *un précipité*. Comment va la chimie ?...

— Elle s'endort !... Rien de neuf !... — L'Académie a cependant reconnu l'existence de la *Salicine*.... Mais la salicine, l'asparagine, la vauqueline, la digitaline, ne sont pas des découvertes...

— Faute de pouvoir inventer des choses, dit Raphaël, il paraît que vous en êtes réduits à inventer des noms...

L'AGONIE. 195

— Cela est, pardieu, vrai!... jeune homme.

— Tiens!.... dit le professeur Planchette au chimiste, essaie de nous décomposer cette substance. Si tu en extrais un principe quelconque, je le nomme d'avance : — *la diaboline*. En voulant la comprimer nous venons de briser une presse hydraulique.

— Voyons!... voyons cela!... s'écria joyeusement le chimiste. Ce sera peut-être un nouveau corps simple.

— Monsieur, dit Raphaël, c'est tout simplement un morceau de peau d'âne.

— Monsieur!... reprit gravement le célèbre chimiste. Monsieur...

— Je ne plaisante pas!.. répliqua le marquis en lui présentant son chagrin.

Le baron Japhet appliqua sur la peau les papilles et les houppes nerveuses de sa langue si habile à déguster les sels, les acides, les alcalis, les gaz, et dit après quelques essais :

— Point de goût!... Voyons, nous allons lui faire boire un peu d'acide phthorique!

Soumis à l'action de ce principe, si prompt à désorganiser les tissus animaux, la peau ne subit aucune altération.

— Ce n'est pas du chagrin!... s'écria le chimiste. Nous allons traiter ce mystérieux inconnu

196   LA PEAU DE CHAGRIN.

comme un minéral et lui donner sur le nez en le mettant dans un creuset infusible où j'ai précisément de la potasse rouge...

M. Japhet sortit et revint bientôt.

— Monsieur, dit-il à Raphaël, laissez-moi prendre un morceau de cette singulière substance... Elle est si extraordinaire...

— Un morceau !.... s'écria Raphaël. Pas seulement la valeur d'un cheveu !... D'ailleurs essayez ?... dit-il d'un air tout à la fois triste et goguenard !...

Le savant cassa un rasoir en voulant entamer la peau ; alors il tenta de la briser par une forte décharge d'électricité ; puis, il la soumit à l'action de la pile voltaïque ; mais enfin, sa science échoua sur le terrible talisman !...

Il était sept heures du soir. Planchette, Japhet et Raphaël ne s'apercevant pas de la fuite du temps, attendaient le résultat d'une dernière expérience. Le chagrin sortit victorieux d'un épouvantable choc auquel il avait été soumis grâce à une quantité raisonnable de poudre fulminante.

— Je suis perdu !... s'écria Raphaël. Dieu est là. Je vais mourir...

Il laissa les deux savans stupéfaits.

— Gardons-nous bien de raconter cette aven-

L'AGONIE. 197

ture à l'Institut; nos collègues s'y moqueraient
de nous !... dit Planchette au chimiste après
une longue pause pendant laquelle ils se regardèrent sans oser se communiquer leurs pensées.

Ils étaient comme des chrétiens sortant de
leurs tombes sans trouver un Dieu dans le ciel.

— La science ?...
— Impuissante !
— Les acides ?
— Eau claire !...
— La potasse rouge ?
— Déshonorée !
— La pile voltaïque et la foudre ?...
— Deux bilboquets !...
— Une presse hydraulique fendue !.. ajouta
Planchette, fendue comme une mouillette !...
— Je crois au diable !... dit le baron Japhet
après un moment de silence.
— Et moi à Dieu !... répondit Planchette.

Tous deux étaient dans leur rôle. L'univers
est une machine ; et la chimie, l'œuvre d'un
démon qui va décomposant tout !...

— Nous ne pouvons par nier le fait !.. reprit
le chimiste.

— Bah ! Messieurs les Doctrinaires ont créé
pour nous consoler, ce nébuleux axiome : —
Bête comme un fait !...

II.   17.

198 LA PEAU DE CHAGRIN.

— Ton axiome, répliqua le chimiste, me semble, à moi, — *fait comme une bête?...*

Ils se prirent à rire, et dînèrent en gens qui ne voyaient plus qu'un phénomène dans un miracle.

XLV.

En rentrant chez lui, Valentin était en proie
à une rage froide. Il ne croyait plus à rien. Ses
idées se brouillaient dans sa cervelle, tour-
noyaient et vacillaient comme celles de tout
homme en présence d'un fait impossible. Il
avait cru volontiers à quelque défaut secret
dans la machine de Spieghalter. L'impuissance
de la science et du feu ne l'étonnait pas. Mais
la souplesse de la peau quand il la maniait, et
sa dureté lorsque les moyens de destruction
mis à la disposition de l'homme étaient dirigés

sur elle, l'épouvantaient. Ce fait incontestable lui donnait le vertige.

— Je suis fou!... se dit-il en entrant chez lui. Je n'ai ni faim, ni soif, et je sens, dans ma poitrine, un foyer qui me brûle!...

Il mit la peau de chagrin dans le cadre où elle avait été naguères enfermée; puis, après avoir, de nouveau, décrit, par une ligne d'encre rouge, le contour actuel du talisman, il s'assit dans son fauteil.

— Déjà huit heures!..... s'écria-t-il. Cette journée a passé comme un songe!...

S'accoudant sur le bras du fauteuil, il s'appuya la tête dans sa main gauche, et resta perdu dans une de ces méditations funèbres, dans ces pensées dévorantes dont les condamnés à mort emportent le secret au tombeau.

— Ah! Pauline! Pauline!... s'écria-t-il. Pauvre enfant, il y a des abîmes que l'amour ne saurait franchir, quelque puissantes et fortes que soient ses ailes!...

En ce moment, il entendit très-distinctement un soupir étouffé...

Il reconnut, par un des plus touchans priviléges de la passion, le souffle de sa Pauline.

— Oh! se dit-il, voilà mon arrêt!.... Si elle était là, je voudrais mourir dans ses bras.

L'AGONIE.

Un éclat de rire, bien franc, bien joyeux, lui fit tourner la tête vers son lit, et il vit à travers les nuages des rideaux diaphanes, la figure de Pauline, souriant comme un enfant heureux d'une malice qui réussit. Ses beaux cheveux formaient des milliers de boucles sur ses épaules. Elle était là, semblable à une rose du Bengale sur un lit de roses blanches.

J'ai séduit Jonathas!... dit-elle. Ce lit ne m'appartient-il pas, à moi qui suis l'épouse!... — Ne me gronde pas, chéri, je ne voulais que dormir près de toi!... te surprendre!... Oh! pardonne-moi cette folie!...

Puis, sautant hors du lit, par un mouvement de chatte, elle se montra radieuse et vêtue de mousseline; puis, s'asseyant sur les genoux de Raphaël :

— De quel abîme parlais-tu donc, mon amour?... dit-elle en laissant voir sur son front une expression soucieuse.

— De la mort, ma chérie...

— Oh! tu me fais mal!.. répondit-elle. Nous autres, pauvres femmes, nous sommes faibles, et il y a certaines idées auxquelles nous ne pouvons pas nous arrêter... Elles nous tuent. Est-ce force d'amour, ou manque de courage?... Mais cependant la mort ne m'effraie pas!....

reprit-elle en riant. — Mourir avec toi, demain matin, ensemble, dans un dernier baiser!... Oh! ce serait un bonheur!... Il me semble que j'aurais encore vécu plus de cent ans! Qu'importe le nombre des jours, si, dans une nuit, dans une heure, nous avons épuisé toute une vie de paix et d'amour!...

— Tu as raison!.... s'écria Raphaël; le ciel parle par ta jolie bouche. — Donne!... Que je la baise... Et, mourons.

— Mourons!... dit-elle en riant.

XLVI.

Vers les neuf heures du matin, le jour, passant à travers les fentes des persiennes, colorait faiblement la mousseline des rideaux et permettait à peine de voir les brillantes couleurs du tapis ou les meubles soyeux de la chambre où reposaient les deux époux. Quelques dorures étincelaient. Un rayon de soleil venait même mourir sur le mol édredon de soie jaune que les jeux de l'amour avaient jeté par terre. Suspendue à une grande psyché, la robe de Pauline se dessinait comme une vaporeuse apparition; et, au dessous, ses jolis souliers de satin avaient été jetés avec négligence... Le silence profond qui régnait dans ce temple d'amour, fut troublé par un rossignol qui vint se poser sur l'appui de la fenêtre. Ses gazouillemens répétés, et le bruit que firent ses ailes, soudainement déployées quand il s'envola, réveillèrent Raphaël.

— Pour mourir?... dit-il en achevant une pensée commencée dans le rêve d'où il sortait, il faut que mon organisation, ce mécanisme de chair et d'os animé par ma volonté, et qui fait de moi un individu *homme*, présente une lésion sensible... Les médecins doivent connaître les symptômes de la vitalité, de la mort, et savoir me dire si je suis en santé ou malade.

Il contempla Pauline qui, tout en dormant, lui tenait la tête, exprimant ainsi, même pendant le sommeil, les tendres sollicitudes de l'amour. Gracieusement étendue comme un jeune enfant, et le visage tourné vers son ami, elle semblait le regarder encore et lui tendre sa jolie bouche entr'ouverte qui laissait passer un souffle égal et pur. Ses petites dents de porcelaine relevaient la rougeur de ses lèvres fraîches sur lesquelles errait un sourire. L'incarnat de son teint était plus vif, et la blancheur, pour ainsi dire, plus blanche en ce moment qu'aux heures les plus amoureuses de la journée. Son abandon, sa gracieuse posture peignaient une innocente confiance qui mêlait au charme de l'amour, les adorables attraits de l'enfance endormie. Les femmes même les plus naturelles obéissent encore pendant le jour à certaines conventions sociales qui enchaînent leur naïveté, les expansions vives de leur ame et leurs mouvemens ; mais le sommeil semble les rendre par degrés à la chaste aisance, à la soudaineté de vie qui décorent le premier âge. Pauline était là, ne rougissant de rien comme une de ces chères et célestes créatures dont la raison n'a point encore jeté des pensées dans les gestes et des secrets dans le regard.

Son divin profil se détachait vivement sur la fine batiste des oreillers, et de grosses ruches de dentelles mêlées à ses cheveux en désordre lui donnaient un petit air mutin. Elle semblait s'être endormie dans le plaisir. Ses longs cils étaient appliqués sur sa joue comme pour garantir sa vue d'une lueur trop forte ou pour aider à ce recueillement de l'ame quand elle essaie de retenir une volupté parfaite, mais fugitive. Son oreille mignonne, blanche et rouge, encadrée par une touffe de cheveux, et dessinée dans une coque de la *malines*, eût rendu fou d'amour un artiste, un peintre, un vieillard ;

LA PEAU DE CHAGRIN.

elle eût peut-être restitué la raison à quelque insensé...

Oh! voir sa maîtresse endormie, au matin, rieuse dans un songe, paisible sous votre protection, vous aimant même en rêve, au moment où la créature semble cesser d'être, et vous offrant encore une bouche muette, qui, dans le sommeil, possède un langage pour vous parler du dernier baiser.... voir une femme confiante, demi-nue, mais enveloppée dans son amour comme dans un manteau et chaste au sein du désordre... admirer ses vêtemens épars, un bas de soie rapidement quitté la veille pour vous plaire, une ceinture dénouée, dont la boucle d'or, gisant à terre, vous accuse une passion, une foi infinie!..... N'est-ce pas une joie sans nom?... Cette ceinture est un poëme entier : la femme qu'elle protégeait n'existe plus, elle vous appartient, elle est devenue *vous*; et, désormais, la trahir!..... c'est se blesser soi-même.

Raphaël se sentit attendri. En contemplant cette chambre ivre d'amour, pleine de souvenirs, où le jour prenait des teintes voluptueuses, où tout semblait mystère; puis, cette belle femme aux formes pures, jeunes, amante encore, et, dont surtout les sentimens étaient à lui sans partage.... Il désira vivre toujours.

Quand son regard tomba sur Pauline, elle ouvrit aussitôt les yeux comme si un rayon de soleil l'eût frappée.

— Bonjour, ami! dit-elle en souriant. Es-tu beau, méchant?...

Ces deux têtes avaient une grâce inexprimable, due à l'amour et à la jeunesse, au demi-jour et au silence. C'était une de ces divines scènes dont la magie passagère appartient aux premiers jours de la passion, comme la naïveté, la candeur sont les attributs de l'enfance... Oui, les joies printanières de l'amour et les rires de notre jeune âge doivent s'enfuir et ne plus vivre que dans notre souvenir pour nous désespérer ou nous jeter quelque parfum consolateur, suivant les caprices de nos méditations séniles.

— Oh! pourquoi t'es-tu réveillée! dit Raphaël. J'avais tant de plaisir à te voir endormie. J'en pleurais.

— Et moi aussi, répondit-elle, j'ai pleuré cette nuit, en te contemplant dans ton repos... mais non pas de joie... Écoute, mon Raphaël, écoute-moi! Lorsque tu dors, ta respiration n'est pas franche... Il y a dans ta poitrine, quelque chose qui résonne. Cela m'a fait peur. Tu as, même pendant ton sommeil, une petite toux sèche absolument semblable à celle de mon père qui meurt d'une phthisie... Et, dans le bruit de tes poumons, j'ai reconnu quelques-uns des effets bizarres de cette maladie. Ensuite tu avais la fièvre!... J'en suis sûre! Ta main était moite et brûlante...

— Oh! chéri! tu es jeune... dit-elle en frissonnant. Tu pourrais te guérir encore si, par malheur...

— Mais, non! s'écria-t-elle joyeusement, il n'y a pas de malheur, car la maladie se gagne, disent les médecins...

Et, de ses deux bras, elle enlaça Raphaël; puis, saisissant sa respiration en un baiser chaud d'amour, un de ces baisers dans lesquels l'âme est tout entière....

— Je ne désire pas vivre vieille! dit-elle. Oh! mourir jeunes tous deux, et nous en aller dans le ciel les mains pleines de fleurs!...

— Ces projets-là se font toujours quand nous sommes en bonne santé!... répondit Raphaël en plongeant ses mains dans la chevelure de Pauline pour lui caresser la tête...

En ce moment Raphaël eut un horrible accès de toux, une de ces toux graves et sonores qui semblent sortir d'un cercueil, qui font pâlir le front des malades, puis les laissent tremblans et en sueur, après avoir remué tous leurs nerfs, ébranlé leurs côtes, fatigué leur moelle épinière, imprimé je ne sais quelle lourdeur à leurs veines.

Raphaël abattu, pâle, se coucha lentement, affaissé comme un homme dont toute la force a été dissipée dans un dernier effort.

Pauline le regardant d'un œil fixe et agrandi par la peur, restait immobile, blanche, silencieuse.

— Ne faisons plus de folies, mon ange !.... dit-elle enfin, voulant cacher à Raphaël les horribles préssentimens dont elle était agitée...

Puis elle se voila la figure de ses mains ; car elle apercevait le hideux squelette de la MORT.

La tête de Raphaël était devenue livide et creuse comme un crâne arraché aux profondeurs d'un cimetière pour servir aux études de quelque savant.

Pauline se souvenant de l'exclamation échappée la veille à Valentin, se dit à elle-même :

— Oui, il y a des abîmes que l'amour ne peut pas traverser ; mais il doit s'y ensevelir !..

Les deux époux faisaient silence. — Plus de jeux !... Pauline était comme une mère pour son mari !

XLVII.

Quelques jours après cette scène de désolation, Raphaël se trouva par une matinée du mois de mars, assis dans un fauteuil, entouré de quatre médecins qui l'avaient fait mettre au jour, devant la fenêtre de sa chambre, et, tour à tour, lui tâtaient le pouls, le palpaient, l'interrogeaient avec une apparence d'intérêt et de sagacité.

Le malade, pâle, triste, épiait leurs pensées, interprétant et leurs gestes, et les moindres plis qui se formaient sur leurs fronts.

Cette consolation était sa dernière espérance.

L'AGONIE. 211

Et ces hommes, juges suprêmes, allaient lui prononcer un arrêt de vie ou de mort.

Aussi, pour arracher à la science humaine son dernier mot, Valentin avait-il convoqué les oracles de la médecine moderne. Grâce à sa fortune et à son nom, les types des trois systèmes entre lesquels flottent les connaissances humaines étaient là devant lui.

Trois de ces docteurs portaient avec eux toute la philosophie médicale, et représentaient admirablement bien le combat que se livrent, en ce moment, la Spiritualité, l'Analyse, et je ne sais quel Eclectisme railleur.

Quant au quatrième médecin, c'était un homme plein d'avenir et de science, le plus dintingué peut-être des élèves internes de l'Hôtel-Dieu, sage et modeste député de la studieuse jeunesse qui s'apprête à recueillir l'héritage des trésors amassés depuis cinquante ans par l'École de Paris, et qui bâtira peut-être le monument pour lequel les siècles précédens ont apporté tant de matériaux divers.

Ami du marquis et son camarade de collége, il lui avait donné ses soins depuis une semaine, et l'aidait à répondre aux interrogations des trois professeurs auxquels il expliquait parfois avec une sorte d'insistance quelques diagnos-

212 LA PEAU DE CHAGRIN.

tics dont il avait été frappé et qui lui semblaient révéler les progrès d'une phthisie pulmonaire.

— Vous avez sans doute fait beaucoup d'excès, mené une vie dissipée?... Ou, vous vous êtes livré à de grands travaux d'intelligence?... dit à Raphaël celui des trois célèbres docteurs dont la tête carrée, la figure large, l'organisation puissante lui paraissaient annoncer un génie supérieur à celui de ses deux antagonistes.

— J'ai voulu me tuer par la débauche, après avoir travaillé pendant trois ans à un vaste ouvrage dont vous vous occuperez peut-être un jour!... lui répondit Raphaël.

Le grand docteur hocha la tête en signe de contentement, et comme s'il se fût dit en lui-même : — « J'en étais sûr !... »

Ce docteur était l'illustre Brisset, le chef des Organistes, le successeur des Cabanis et des Bichat, le médecin des esprits positifs et matérialistes qui voient en l'homme un être fini, uniquement sujet aux lois de sa propre organisation, et dont l'état normal ou les anomalies délétères peuvent aussi bien s'expliquer par des causes évidentes que par des dérangemens physiques.

L'AGONIE. 213

A cette réponse, Brisset regarde silencieusement un homme de moyenne taille, dont le visage empourpré, l'œil ardent semblaient appartenir à quelque satyre antique; et qui, le dos appuyé sur l'angle du mur, près de la croisée, contemplait attentivement Raphaël sans mot dire.

Celui-là, homme d'exaltation et de croyance, était le docteur Caméristus, chef des Vitalistes, le Victor Cousin, ou, pour mieux dire, le Ballanche de la Médecine, poétique défenseur des doctrines abstraites de Van-Helmont. Il voyait, dans la vie humaine, un principe élevé, secret, un phénomène inexplicable qui se joue des bistouris, trompe la chirurgie, échappe aux médicamens de la Pharmaceutique, aux x de l'algèbre, aux démonstrations de l'Anatomie, se rit de nos efforts; espèce de flamme impalpable, intangible, invisible, soumise à quelque loi divine, et qui reste souvent au milieu d'un corps condamné par nos arrêts, comme elle déserte aussi les organisations les plus viables.

Un sourire sardonique errait sur les lèvres du troisième. C'était le docteur Maugredie, esprit distingué, mais pyrrhonien, moqueur; ne croyant qu'au scalpel; concédant à Brisset la mort d'un homme qui se portait à merveille, et reconnaissant avec Caméristus qu'un mort pouvait bien vivre long-temps; trouvant du bon dans toutes les théories, mais n'en adoptant aucune; et prétendant que le meilleur système médical était de n'en point avoir, et de s'en tenir aux faits. C'était le Panurge de l'École, le roi de l'observation, le grand explorateur, le grand railleur, l'homme des tentatives désespérées.

Il examinait la peau de chagrin.

— Je voudrais bien être témoin de la coïncidence qui existe entre vos désirs et son rétrécissement.... dit-il au marquis.

— A quoi bon?... s'écria Brisset.

— A quoi bon?... répéta Caméristus.

— Ah! vous êtes d'accord?... répondit Maugredie.

— Cette contraction est toute simple!..... ajouta Brisset.

— Elle est surnaturelle!... dit Caméristus.

— En effet, répliqua Maugredie en affectant un air grave et en rendant à Raphaël sa peau de chagrin, le raccornissement des peaux est un fait inexplicable et cependant naturel qui, depuis l'origine du monde, fait le désespoir de la médecine et des jolies femmes...

L'AGONIE.

A force d'examiner les trois docteurs, Valentin ne découvrit en eux aucune sympathie pour ses maux. Restant silencieux à chaque réponse, le toisant même avec indifférence, ils le questionnaient, mais sans le plaindre. Il y avait de la nonchalance dans leur politesse ; et, soit certitude, soit réflexion, leurs paroles étaient rares, indolentes ; et, par momens, Raphaël les crut distraits.

De temps à autre, Brisset seul répondait : « — Bon ! — bon ! — bien !.... » à tous les symptômes désespérans dont le jeune médecin confirmait l'existence.

Caméristus demeurait plongé dans une profonde rêverie.

Maugredie ressemblait à un auteur comique étudiant deux originaux pour les transporter fidèlement sur la scène.

Mais la figure de Prosper trahissait une peine profonde, un attendrissement plein de tristesse. Médecin depuis peu de temps, il n'était pas encore insensible, froid devant la douleur, impassible près d'un lit funèbre, et ne savait pas éteindre dans ses yeux, les larmes amies qui empêchent un homme de voir clair, et de saisir, comme un général d'armée, le moment propice à la victoire, sans écouter les cris des moribonds.

216 LA PEAU DE CHAGRIN.

Après être restés pendant une demi-heure environ, à prendre en quelque sorte la mesure de la maladie et du malade, comme un tailleur prend celle d'un habit à un jeune homme qui lui commande un vêtement de noces, ils dirent quelques lieux communs, parlèrent même des affaires publiques; puis, ils voulurent passer dans le cabinet de Raphaël pour se communiquer leurs idées et rédiger la sentence.

— Messieurs, leur dit Valentin, ne puis-je donc pas assister au débat?...

A ce mot, Brisset et Maugredie se récrièrent vivement; et, malgré les instances de leur malade, ils se refusèrent à délibérer en sa présence. Raphaël se soumit à l'usage, en pensant qu'il pourrait se glisser dans un couloir d'où il entendrait facilement les discussions médicales auxquelles les trois professeurs allaient se livrer.

— Messieurs, dit Brisset en entrant, permettez-moi de vous donner promptement mon avis. Je ne veux ni vous l'imposer, ni le voir controversé : d'abord, parce qu'il est net, précis, et résulte d'une similitude complète entre un de mes malades et le sujet que nous avons été appelés à examiner; puis, je suis attendu à mon hospice. L'importance du fait qui y réclame ma présence, m'excusera de prendre, le premier, la parole. — *Le sujet* qui nous occupe est également fatigué par des travaux intellectuels.

— Qu'a-t-il donc fait, Prosper?.... dit-il en s'adressant au jeune médecin.

— Une théorie de la volonté...

— Ah! diable!... Mais c'est un vaste sujet...

Puis il reprit. — Il est fatigué, dis-je, par des excès de pensée, par des écarts de régime et par l'emploi répété de stimulans trop énergiques. L'action violente du corps et du cerveau a donc vicié le jeu de tout l'organisme.

Il est facile, Messieurs, de reconnaître, dans les symptômes de la face et du corps, une irritation prodigieuse à l'estomac, la névrose du grand sympathique, la vive sensibilité de l'épigastre, et le resserrement des hypocondres. Vous avez remarqué la grosseur et la saillie du foie. Enfin M. Prosper a constamment observé les digestions de son malade. Il nous a dit qu'elles étaient difficiles, laborieuses...

A proprement parler, il n'existe plus d'estomac. Donc, l'homme a disparu. L'intellect est atrophié parce que l'homme ne digère plus. L'épigastre est le centre de la vie. Or, son altération progressive a vicié tout le système.

De là partent des irradiations constantes et flagrantes. Le désordre a gagné le cerveau par les plexus nerveux; d'où, l'irritation excessive de cet organe... Il y a monomanie. Le malade est sous le poids d'une idée fixe.

Pour lui, cette peau de chagrin se rétrécit réellement. Peut-être a-t-elle toujours été comme nous l'avons vue; mais, qu'il se contracte ou non, ce *chagrin* est pour lui la mouche que certain grand visir avait sur le nez...

Mettez promptement des sangsues à l'épigastre; calmez l'irritation de cet organe où l'homme tout entier réside; tenez le malade au régime; la monomanie cessera.

Je n'en dirai pas davantage au docteur Prosper, il doit saisir l'ensemble et les détails du traitement. Peut-être y a-t-il complication de maladie, et les voies respiratoires sont-elles également irritées; mais je crois le traitement de l'appareil intestimal beaucoup plus important, plus nécessaire, plus urgent que celui des poumons. L'étude tenace de matières abstraites et des passions violentes ont produit de graves perturbations dans ce mécanisme vital; cependant il est temps encore d'en redresser les ressorts; rien n'y est trop fortement adultéré.

Vous pouvez donc facilement sauver votre ami... dit-il à Prosper.

— Notre savant collègue prend l'effet pour la cause!... répondit Caméristus. Oui, les altérations, si bien observées par lui, existent chez le malade ; mais l'estomac n'a pas graduellement établi des irradiations dans l'organisme et vers le cerveau, comme une fêlure étend autour d'elle de capricieux rayons dans une vitre. Il a fallu un coup pour trouer le vitrail? Et ce coup, qui l'a porté?... Le savons-nous? Avons-nous suffisamment observé le malade? Connaissons-nous tous les accidens de sa vie?...

Messieurs, le principe vital, *l'archée* de Van Helmont est atteinte en lui; la vitalité même est attaquée dans son essence. L'étincelle divine, l'intelligence transitoire qui sert comme de lien à la machine, qui produit la volonté, la conscience de la vie, a cessé de régulariser les phénomènes journaliers du mécanisme, et les fonctions de chaque organe.

Alors, de là proviennent les désordres si bien appréciés par mon docte confrère..... Le mouvement n'est pas venu de l'épigastre au cerveau, mais du cerveau vers l'épigastre.

Non, dit-il en se frappant avec force la poitrine, non, je ne suis pas un estomac fait homme!... Non, tout n'est pas là!... Je ne me sens pas le courage de dire que, si j'ai un bon épigastre, le reste est de forme...

Nous ne pouvons pas, reprit-il plus doucement, soumettre à une même cause physique et à un traitement uniforme les troubles graves qui surviennent chez les différens sujets plus ou moins sérieusement atteints. Aucun homme ne se ressemble. Nous avons tous des organes particuliers, diversement affectés, diversement nourris, propres à remplir des missions différentes, et à développer des thêmes nécessaires à l'accomplissement d'un ordre de choses qui nous est inconnu. La portion du grand tout qui, par une haute volonté, vient opérer, entretenir en nous le phénomène de l'animation, se formule d'une manière distincte et fait d'un homme, un être en apparence fini, mais qui, par un point, coexiste à une cause infinie... Aussi, devons-nous étudier chaque sujet séparément, le pénétrer... reconnaître en quoi consiste sa vie, quelle en est la puissance...

Depuis la mollesse d'une éponge mouillée jusqu'à la dureté d'une pierre ponce, il y a des nuances infinies. Voilà l'homme. Entre les organisations spongieuses des lymphatiques et la vigueur métallique des muscles de quelques hommes destinés à une longue vie, que d'erreurs ne commettra pas le système unique, implacable, de la guérison par l'abattement, par la prostration des forces humaines que vous supposez toujours irritées!...

Ici donc, je voudrais un traitement tout moral, un examen approfondi de l'être intime. Allons chercher la cause du mal dans les entrailles de l'ame et non dans les entrailles du corps! Un médecin est un être inspiré, doué d'un génie particulier, à qui Dieu concède le pouvoir de lire dans la vitalité, comme il donne aux prophètes des yeux pour contempler l'avenir; au poète, la faculté d'évoquer la nature; au musicien, celle d'arranger les sons dans un ordre harmonieux, dont le type est en haut, peut-être!...

— C'est de la médecine absolutiste, monarchique et religieuse!... dit Brisset en murmurant.

— Messieurs, reprit promptement Maugredie en couvrant avec promptitude l'exclamation de Brisset, ne perdons pas de vue le malade...

— Voilà donc où en est la science!... s'écria tristement Raphaël.—Ma guérison flotte entre un rosaire et un chapelet de sangsues; entre le bistouri de Dupuytren et la prière du prince de Hohenlohe!... Et sur la ligne qui sépare le fait, de la parole, la matière, de l'esprit, Maugredie est là, doutant... Le *oui* et *non* humain me poursuit partout!... Toujours le *Carymary, Carymara* de Rabelais!... Je suis spirituellement malade, carymary; ou matériellement malade, carymara. — Dois-je vivre?..... Ils l'ignorent?... Au moins Planchette était-il plus franc, en me disant : — Je ne sais pas!...

En ce moment, Valentin entendit la voix du docteur Maugredie.

— Le malade est monomane!... Eh bien! d'accord!.. s'écria-t-il, mais il a deux cent mille livres de rente; ces monomanes-là sont fort rares et nous leur devons au moins un avis... Quant à savoir si son épigastre a réagi sur son cerveau ou le cerveau sur l'épigastre, nous pourrons peut-être vérifier le fait, quand il sera mort. Résumons-nous donc!... Il est malade; le fait est incontestable. Or, il lui faut un traitement quelconque. Laissons les doctrines. Mettons-lui des sangsues pour calmer l'irritation intestinale et la névrose sur l'existence desquelles nous sommes d'accord; puis, envoyons-le aux eaux..... Nous agirons à la fois d'après les deux systèmes..... S'il est pulmonique, nous ne pouvons guères le sauver..... Ainsi...

Raphaël quitta promptement le couloir et revint se mettre dans son fauteuil. Bientôt en effet les quatre médecins sortirent du cabinet ; et Prosper, portant la parole, lui dit :

— Ces messieurs ont unanimement reconnu la nécessité d'une application immédiate de sangsues à l'estomac, et l'urgence d'un traitement à la fois physique et moral.

D'abord un régime diététique afin de calmer l'irritation de votre organisme...

Ici Brisset fit un signe d'approbation.

— Puis, un régime hygiénique pour réagir sur votre moral... Ainsi nous vous conseillons unanimement d'aller aux eaux d'Aix, en Savoie, ou du Mont-d'Or, en Auvergne, si vous les préférez ; mais l'air et les sites de la Savoie sont plus agréables que ceux du Cantal... Enfin, vous obéirez à votre fantaisie et suivrez votre goût...

Là, le docteur Caméristus laissa échapper un geste d'assentiment.

— Ces Messieurs, reprit Prosper, ayant reconnu de légères altérations dans l'appareil respiratoire, sont tombés d'accord sur l'utilité de mes prescriptions antérieures... Ils pensent

224 LA PEAU DE CHAGRIN.

que votre guérison est facile et dépendra de l'emploi sagement alternatif de ces divers moyens... Et...

— Et voilà pourquoi votre fille est muette !... dit Raphaël en souriant et en attirant Prosper dans son cabinet pour lui remettre le prix de cette inutile consultation.

— Ils sont logiques ! lui répondit Prosper. Caméristus sent, Brisset examine, Maugredie doute. L'homme n'a-t-il pas une ame, un corps et une raison ? L'une de ces trois causes premières agit en nous d'une manière plus ou moins forte, et il y aura toujours de l'homme dans la science humaine. — Crois-moi, Raphaël : nous ne guérissons pas : nous aidons à guérir ou à mourir. Entre la médecine de Brisset et celle de Caméristus, se trouve encore la médecine expectante ; mais pour pratiquer celle-ci avec succès, il faudrait connaître son malade depuis dix ans. Il y a au fond de la médecine une négation comme dans toutes les scènes... Tâche donc de vivre sagement, et essaie d'un voyage en Savoie ; car le mieux est et sera toujours de se confier à la nature.

Raphaël partit pour les eaux d'Aix.

XLVIII.

Au retour de la promenade et par une belle soirée de printemps, toutes les personnes venues aux eaux d'Aix se trouvèrent réunies dans les salons du *Casino*.

Assis près d'une fenêtre et tournant le dos à l'assemblée, Raphaël resta long-temps seul, plongé dans une de ces rêveries machinales, durant lesquelles nos pensées naissent, s'enchaînent et s'évanouissent sans revêtir de formes, passant en nous comme de légers nuages à peine colorés. Alors la tristesse est douce, la joie vaporeuse, et l'ame presque endormie.

226 LA PEAU DE CHAGRIN.

Se laissant délicieusement aller à cette vie sensuelle, s'abandonnant à l'air pur et parfumé des montagnes, Valentin se baignait dans la tiède atmosphère du soir, heureux de ne sentir aucune douleur et d'avoir enfin réduit au silence sa menaçante peau de chagrin.

Au moment où les teintes rouges du couchant s'éteignirent sur les cimes, la température fraîchit : alors, il quitta sa place en poussant la fenêtre.

— Monsieur, lui dit une vieille dame, auriez-vous la complaisance de ne pas fermer la croisée?... Nous étouffons !

Cette phrase déchira le tympan de Raphaël par des dissonances d'une aigreur singulière. Elle fut comme le mot imprudemment lâché par un homme à l'amitié duquel nous voulions croire et qui détruit une douce illusion de sentiment en trahissant un abîme d'égoïsme.

Le marquis jeta sur la vieille femme le froid regard d'un diplomate impassible; puis, sonnant un valet, il lui dit sèchement quand il arriva :

— Ouvrez cette fenêtre?...

A ces mots, une surprise insolite éclata sur tous les visages. L'assemblée entière se mit à chuchoter. Chacun regarda Raphaël d'un air plus ou moins expressif, comme s'il eût commis quelque grave impertinence; et, n'ayant pas encore dépouillé sa primitive timidité de jeune homme, il se trouva moralement dans une situation assez semblable à celle où nous sommes, quand, par un caprice de cauchemar, nous nous voyons tout nus au milieu de quelque fête somptueuse. Mais secouant sa torpeur, il reprit bientôt son énergie et se demanda compte à lui-même de cette scène étrange.

Soudain un rapide mouvement anima son cerveau. Le passé lui apparut dans une vision distincte où les causes du sentiment qu'il inspirait saillirent en relief comme les veines d'un cadavre dont, par quelque savante injection, les naturalistes colorent les moindres ramifications.

Il se reconnut lui-même dans ce tableau fugitif, y suivit son existence, jour par jour, pensée à pensée : se voyant, non sans surprise, sombre, pensif, distrait au sein de ce monde rieur; toujours songeant à sa destinée, préoccupé de son mal; paraissant dédaigner la causerie la plus insignifiante; fuyant ces intimités éphémères qui s'établissent promptement entre les voyageurs parce qu'ils comptent sans doute ne plus se rencontrer; bref, peu soucieux des autres et semblable enfin à ces rochers insensibles aux caresses comme à la furie des vagues bruyantes.

Puis, par un rare privilége d'intuition, il lut dans toutes les ames.

En apercevant sous la lueur d'un flambeau le crâne jaune, le profil sardonique d'un vieillard, il se rappela de lui avoir gagné son argent et refusé la revanche; plus loin, il reconnut une jolie femme dont il avait froidement reçu les agaceries; enfin, chaque visage lui reprochait un de ces torts inexplicables en apparence, mais dont le crime gît toujours dans une invisible blessure faite à l'amour-propre. Il avait involontairement froissé toutes les petites vanités qui gravitaient autour de lui. Les convives de ses fêtes, ou ceux auxquels il offrit ses chevaux, s'étaient irrités de son luxe; surpris de leur ingratitude, il leur avait épargné ces espèces d'humiliations; dès lors, se croyant méprisés, ils l'accusaient d'aristocratie.

En sondant ainsi les cœurs, les voyant à la loupe, et déchiffrant les pensées les plus secrètes, il eut horreur de la société, de sa politesse, de son vernis. Riche et d'un esprit supérieur, il était envié, haï; son silence trompait la curiosité; sa modestie semblait de la hauteur à ces gens mesquins et superficiels. Puis, il

L'AGONIE.

devina le crime latent, irrémissible dont il était coupable envers eux : il échappait à la juridiction de leur médiocrité. Rebelle à leur despotisme inquisiteur, il savait se passer d'eux. Alors, voulant se venger de cette royauté clandestine, ils s'étaient instinctivement ligués pour lui faire sentir leur pouvoir, le soumettre à quelque ostracisme et lui apprendre, qu'eux aussi, pouvaient se passer de lui.

Pris de pitié d'abord à cette vue du monde, il frémit bientôt en pensant à la souple puissance qui lui soulevait ainsi le voile de chair sous lequel est ensevelie la nature morale, et ferma les yeux, comme pour ne plus rien voir; alors, tout à coup, un rideau noir fut tiré sur cette sinistre fantasmagorie de vérité; mais il se retrouva dans un horrible isolement et ne rencontra pas un visage ami. La société ne daignait même plus se grimer pour lui.

En ce moment, il eut un violent accès de toux. Loin de recueillir une seule de ces paroles indifférentes en apparence, mais qui du moins simulent une espèce de compassion polie chez les personnes de bonne compagnie rassemblées par le hasard, il entendit des interjections hostiles et des plaintes murmurées à voix basse...

— Sa maladie est contagieuse!...

230 LA PEAU DE CHAGRIN.

— Le docteur devrait lui interdire l'entrée
du salon!...

— En bonne police, il est vraiment défendu
de tousser ainsi!...

— Quand un homme est aussi malade, il ne
doit pas venir aux eaux!...

— Il me chassera d'ici!...

Raphaël se leva pour se dérober à la malé-
diction générale, et se promena dans l'appartement; puis, cherchant à se réhabiliter, il revint
près d'une jeune femme inoccupée, à laquelle
il médita d'adresser quelques flatteries; mais,
quand il s'en approcha, elle lui tourna le dos
et feignit de regarder les cartes de ses voisins.

Raphaël, craignant d'avoir déjà, pendant
cette soirée, usé de son talisman, ne se sentit
ni la volonté ni le courage d'entamer la conversation; et, quittant le salon de jeu, il se réfugia dans la salle de billard. Là, personne ne lui
parla, ne le salua, ne lui jeta le plus léger regard de bienveillance.

Alors, son esprit naturellement méditatif lui
révéla, par une intus-susception, la cause générale et rationnelle de l'aversion dont il était
devenu l'objet. Ce petit monde obéissait, sans
le savoir peut-être, à la grande loi qui régit la
haute société; et Raphaël acheva d'en com-

L'AGONIE. 231

prendre la morale implacable. Un regard rétrograde lui en montra le type complet dans Fœdora. Il ne devait pas rencontrer plus de sympathie pour ses maux chez celle-ci, que, pour ses misères de cœur, chez celle-là.

Le beau monde bannit de son sein les malheureux, comme un homme de santé vigoureuse expulse de son corps un principe morbifique ; il abhorre les douleurs et les infortunes ; il les redoute à l'égal des contagions, et n'hésite jamais entre elles et les vices : le vice est un luxe. Quelque majestueux que soit un malheur, la société sait l'amoindrir, le ridiculiser par une épigramme. Elle dessine des caricatures pour jeter à la tête des rois déchus les affronts qu'elle en recevait naguères ; ressemblant aux jeunes Romaines du cirque, elle ne fait jamais grâce au gladiateur qui tombe. Elle vit d'or et de moquerie. *Mort aux faibles !...* est le vœu de cette espèce d'Ordre équestre. Cette sentence est écrite au fond de tous les cœurs opulens.

Rassemblez-vous des enfans dans un collège ?... Cette image en raccourci de la société, mais image d'autant plus vraie qu'elle est plus naïve et plus franche, vous offre toujours de pauvres ilotes, créatures de souffrance et de

232   LA PEAU DE CHAGRIN.

douleur, incessamment placées entre le mépris et la pitié. L'Évangile leur promet le ciel!...

Descendez plus bas sur l'échelle des êtres organisés?... Si quelque volatile est endolori parmi ceux d'une basse-cour, les autres le poursuivent à coups de bec, le plument, l'assassinent.

Fidèle à cette charte de l'égoïsme, le monde prodigue ses rigueurs aux misères assez hardies pour venir affronter ses fêtes, pour chagriner ses plaisirs. Quiconque souffre de corps ou d'ame, manque d'argent ou de pouvoir, est un Paria parqué dans un désert dont il lui est défendu de franchir les limites ; sinon, partout, il trouvera l'hiver sous ses pas : froideur de regards, froideur de manières, de paroles, de cœur; heureux, s'il ne récolte pas l'insulte, là, où, pour lui, devait éclore une consolation!... Aussi, mourans, restez sur vos lits désertés!... Vieillards, soyez seuls à vos froids foyers!... Pauvres filles sans dot, gelez et brûlez dans vos greniers solitaires!...

Si le monde tolère un malheur, c'est pour le façonner à son usage, en tirer profit, le bâter, lui mettre un mords, une housse, le monter, en faire une joie.

Quinteuses demoiselles de compagnie, com-

L'AGONIE.

posez-vous de gais visages ; endurez les vapeurs de votre prétendue bienfaitrice ; portez ses chiens ; et, rivales de ses griffons anglais, amusez-la, devinez-la ; puis, taisez-vous !...

Et toi, roi des valets sans livrée, parasite effronté, laisse ton caractère à la maison : digère comme digère ton amphitryon, pleure de ses pleurs, ris de son rire, tiens ses épigrammes pour agréables ; et, si tu veux en médire, attends sa chute.

Ainsi le monde, honore-t-il le malheur : il le tue, ou le chasse ; l'avilit, ou le châtre !...

Ces réflexions sourdirent au cœur de Raphaël avec la promptitude d'une inspiration poétique ; puis, regardant autour de lui, soudain, il sentit ce froid sinistre que la société distille pour éloigner les misères, et qui saisit l'ame encore plus vivement que la bise de décembre ne glace le corps.

Raphaël se croisa les bras sur la poitrine, s'appuya le dos à la muraille, et tomba dans une mélancolie profonde en songeant au peu de bonheur recueilli par le monde, pour prix de cette épouvantable police : des amusemens sans plaisir, de la gaieté sans joie, des fêtes sans jouissance, du délire sans volupté, enfin, toutes les pailles d'un foyer, sans une étincelle de flamme.

LA PEAU DE CHAGRIN.

Quand il releva la tête, il se vit seul, les joueurs avaient fui; alors quelques larmes s'échappèrent de ses yeux.

— Pour leur faire adorer ma toux, il me suffirait de leur révéler mon pouvoir!... se dit-il.

A cette pensée, il jeta le mépris comme un manteau entre le monde et lui.

En ce moment, le médecin des eaux vint à lui d'un air affectueux et s'inquiéta de sa santé. Raphaël éprouva un mouvement de joie en entendant les paroles amies qui lui furent adressées. Il trouva la physionomie du docteur empreinte de douceur et de bonté. Les boucles de sa perruque blonde respiraient la philanthropie. La coupe de son habit carré, les plis de son pantalon, ses souliers larges comme ceux d'un *quaker*, tout, jusqu'à la poudre circulairement semée par sa petite queue sur son dos légèrement voûté, trahissait un caractère apostolique, exprimait la charité chrétienne et le dévouement d'un homme qui, par zèle pour ses malades, s'était astreint à jouer admirablement bien le wisht et le trictrac.

— Monsieur le marquis, dit-il après avoir causé long-temps avec Raphaël, je vais sans doute dissiper votre tristesse. Maintenant, je connais assez votre constitution pour affirmer que les médecins de Paris, dont je ne conteste certes pas les grands talens, se sont complètement trompés sur la nature de votre maladie. A moins d'accident, M. le marquis, vous pouvez vivre la vie de Mathusalem. Vos poumons sont aussi forts que des soufflets de forge, et votre estomac ferait honte à celui d'une autruche; *ma,* si vous restez dans une température élevée, vous risquez d'être très-proprement et promptement en terre sainte. M. le marquis va me comprendre en deux mots.

La chimie a démontré que la respiration constitue chez l'homme une véritable combustion dont le plus ou moins d'intensité dépend de l'affluence ou de la rareté des principes phlogistiques amassés par l'organisme particulier à chaque individu : or, chez vous, le phlogistique abonde. Vous êtes, s'il m'est permis de m'exprimer ainsi, sur-oxigéné par la complexion ardente de tous les hommes destinés aux grandes passions. En respirant l'air vif et pur, qui accélère la vie chez les hommes à fibre molle, vous aidez encore à une combustion déjà trop rapide. Donc, une des conditions de votre existence est l'atmosphère épaisse des étables, des vallées : l'air vital de l'homme que dévore le génie est dans les gras pâturages de

236 LA PEAU DE CHAGRIN.

l'Allemagne, à Baden-Baden, à Tœplitz. Si vous n'avez pas horreur de l'Angleterre, sa sphère brumeuse calmera votre incandescence; mais, pour vous, l'Italie n'a que de l'*aria cattiva*.

— Tel est mon avis, dit-il en laissant échapper un geste de modestie; et, je le donne contre nos intérêts, puisque, si vous le suivez, nous aurons le malheur de vous perdre...

Sans ces derniers mots, Raphaël eût été séduit peut-être par la fausse bonhomie du mielleux médecin; mais il était trop profond observateur pour ne pas deviner à l'accent, au geste et au regard dont cette phrase doucement railleuse fut accompagnée, la mission dont le petit homme avait sans doute été chargé par l'assemblée de ses joyeux malades.

Donc, tous ces oisifs au teint fleuri, ces vieilles femmes ennuyées, ces Anglais nomades, ces petites maîtresses échappées à leurs maris et conduites aux eaux par leurs amans, entreprenaient d'en chasser un pauvre moribond, débile, chétif, en apparence incapable de résister à une persécution journalière!...

Raphaël accepta le combat en voyant un amusement dans cette intrigue; et alors, il répondit au docteur :

— Puisque vous seriez désolé de mon départ,

L'AGONIE.

je vais essayer de mettre à profit votre bon conseil tout en restant ici. Dès demain, je ferai construire une maison où nous condenserons l'air suivant votre ordonnance.

L'Italien, interprétant le sourire amèrement goguenard qui vint errer sur les lèvres de Raphaël, se contenta de le saluer, ne trouvant rien à lui répliquer.

XLIX.

Le lendemain, après avoir côtoyé le lac du
Bourget, en faisant sa promenade habituelle,
Valentin s'était assis au pied d'un arbre d'où
il pouvait contempler son point de vue favori,
l'abbaye mélancolique de Haute-Combe, sépul-
ture des rois de Sardaigne, prosternés là devant les montagnes, au bord du lac, comme
des pèlerins arrivés au terme de leur voyage.

Tout à coup un frissonnement égal et cadencé
de rames, qui fendaient au loin les eaux,
troubla le silence de ce paysage, lui donnant

une voix monotone, semblable aux psalmodies des moines.

Étonné de rencontrer des promeneurs dans cette partie du lac, ordinairement solitaire au matin, le marquis examina, sans sortir de sa rêverie, les personnes assises dans la barque. Il y reconnut, à l'arrière, la vieille dame qui l'avait si durement interpellé la veille. Quand le bateau passa devant Raphaël, une seule personne le salua ; ce fut la demoiselle de compagnie de cette dame, pauvre fille noble qu'il sembla voir pour la première fois.

Déjà, depuis quelques instans, il avait oublié les, promeneurs, promptement disparus derrière un promontoire, lorsqu'il entendit près de lui le frôlement d'une robe et le bruit de petits pas légers. Il fut assez surpris d'apercevoir, en se retournant, la demoiselle de compagnie; et, devinant à son air contraint qu'elle voulait lui parler, il s'avança vers elle.

Agée d'environ trente-six ans, grande et mince, sèche et froide, elle était, comme toutes les vieilles filles, assez embarrassée de son regard qui ne s'accordait plus avec une démarche indécise, gênée, sans élasticité. Tout à la fois vieille et jeune, elle exprimait par une certaine dignité de maintien le haut prix qu'elle

240 LA PEAU DE CHAGRIN.

attachait à ses trésors et perfections. Du reste,
elle avait les gestes discrets et monastiques des
femmes habituées à s'aimer elles-mêmes, sans
doute pour ne pas faillir à leur destinée d'amour.

— Monsieur, dit-elle à Raphaël, votre vie
est en danger... Ne venez plus au Casino...

Puis, elle fit quelques pas en arrière, comme
si déjà sa vertu se trouvait compromise.

— Mais, mademoiselle, répondit Valentin
en souriant, de grâce expliquez-vous plus clairement, puisque vous avez daigné venir jusqu'ici...

— Ah! reprit-elle, sans le puissant motif qui
m'amène, je n'aurais pas risqué d'encourir la
disgrâce de madame la comtesse. Et si elle savait jamais que je vous ai prévenu...

— Et qui le lui dirait, mademoiselle?.. s'écria
Raphaël.

— C'est vrai! répondit la vieille fille en lui
jetant le regard tremblotant d'une chouette mise
au soleil. Mais pensons à vous!.... reprit-elle.
Plusieurs jeunes gens se sont promis de vous
provoquer, de vous forcer à vous battre en
duel... — Ils veulent vous chasser des eaux...
Ainsi...

La voix de la vieille dame retentit dans le
lointain.

— Mademoiselle, dit le marquis, ma reconnaissance...

Mais elle s'était déjà sauvée en entendant la voix de sa maîtresse qui, derechef, glapissait dans les rochers.

— Pauvre fille!... Les misères s'entendent et se secourent toujours!.... pensa Raphaël en s'asseyant au pied de son arbre.

La clef de toutes les sciences est, sans contredit, le point d'interrogation. Nous devons la plupart des grandes découvertes au : — *Comment?...* et la sagesse dans la vie consiste peut-être à sa demander à tout propos : — *Pourquoi?..* Mais aussi cette factice prescience détruit nos illusions ! Ainsi, Valentin, ayant pris, sans préméditation de philosophie, la bonne action de la vieille fille pour texte de ses pensées vagabondes, la trouva pleine de fiel.

— Que je sois aimé d'une demoiselle de compagnie, se dit-il, il n'y a rien là d'extraordinaire : j'ai vingt-sept ans, un titre et deux cent mille livres de rente!... Mais que sa maîtresse, qui dispute aux chattes la palme de l'hydrophobie, l'ait menée en bateau, près de moi.... n'est-ce pas chose étrange et merveilleuse?.... Ces deux femmes, venues en Savoie pour y dormir comme des marmottes, et qui

242   LA PEAU DE CHAGRIN.

demandent à midi s'il est jour, se seraient levées avant huit heures aujourd'hui, pour faire du hasard en se mettant à ma poursuite..... Tarare !...

Bientôt cette vieille fille et son ingénuité quadragénaire fut, à ses yeux, une nouvelle transformation de ce monde artificieux et taquin, une ruse mesquine, un complot maladroit, une pointillerie de prêtre ou de femme.

Le duel était-il une fable? ou voulait-on seulement lui faire peur ?

Insolentes et tracassières comme des mouches, ces ames étroites avaient réussi à piquer sa vanité, à réveiller son orgueil, à exciter sa curiosité.

Ne voulant ni devenir leur dupe ni passer pour un lâche, et amusé peut-être par ce petit drame, il vint au Casino le soir même.

Se tenant debout, accoudé sur le marbre de la cheminée, il resta tranquille au milieu du salon principal, s'étudiant à ne donner aucune prise sur lui, mais examinant les visages, et défiant en quelque sorte l'assemblée par sa circonspection. Il était comme un dogue sûr de sa force, attendant le comdat chez lui, sans aboyer inutilement.

Vers la fin de la soirée, il se promena dans

le salon de jeu ; et, allant de la porte d'entrée
à celle du billard, il jetait de temps à autre un
coup-d'œil aux jeunes gens qui y faisaient une
partie.

Après qelques tours, il s'entendit nommer
par eux ; et, quoiqu'ils parlassent à voix basse
au moment où il arrivait près de la salle, il devina facilement qu'il était devenu l'objet d'un
débat. Enfin il finit par saisir quelques phrases
dites à haute voix ;

— Toi !...

— Oui, moi !...

— Je t'en défie !...

— Parions ?...

— Oh ! il ira.

Au moment où Valentin, curieux de connaître le sujet du pari, s'arrêta pour écouter attentivement la conversation, un jeune homme,
grand et fort, de bonne mine, mais ayant le
regard fixe et impertinent des gens appuyés sur
quelques pouvoirs matériels, sortit du billard,
et s'adressant à lui :

— Monsieur, dit-il d'un ton calme, je me
suis chargé de vous apprendre une chose que
vous semblez ignorer ; votre figure et votre personne déplaisent ici à tout le monde et à moi
en particulier. Vous êtes trop poli pour ne pas

vous sacrifier au bien général, et je vous prie de ne plus vous présenter au Casino.

— Cette plaisanterie, répondit froidement Raphaël, a déjà été faite sous l'Empire dans plusieurs garnisons : elle est devenue aujourd'hui de mauvais ton.

— Je ne plaisante pas, reprit le jeune homme, et, je vous le répète, votre santé souffrirait beaucoup de votre séjour ici. La chaleur, les lumières, l'air du salon, la compagnie nuisent à votre maladie...

— Où avez-vous étudié la médecine? demanda Raphaël.

— Monsieur, j'ai été reçu bachelier au tir de Lepage à Paris, et licencié chez Bertrand, le roi du fleuret.

— Il vous reste un dernier grade à prendre, répliqua Valentin. Lisez le code de la politesse, vous serez un parfait gentilhomme...

En ce moment les jeunes gens, souriant ou silencieux, sortirent du billard; et les autres joueurs, devenus attentifs, quittèrent leurs cartes pour écouter une querelle qui réjouissait toutes leurs passions.

Seul au milieu de ce monde ennemi, Raphaël tâcha de conserver son sang-froid et de ne pas se donner le moindre tort, mais son antagoniste

L'AGONIE.

s'étant permis un sarcasme où l'outrage s'enveloppait dans une forme éminemment incisive et spirituelle, il lui répondit gravement :

— Monsieur, il n'est plus permis aujourd'hui de donner un soufflet à un homme; mais je ne sais de quel mot nommer et flétrir une conduite aussi lâche que l'est la vôtre...

— Assez!... assez!... vous vous expliquerez demain... dirent plusieurs voix confuses. — Et quelques jeunes gens se jetèrent entre les deux champions.

Raphaël sortit du salon passant pour l'offenseur, ayant accepté un rendez-vous près de l'abbaye de Haute-Combe ; et, quelle qu'en fût l'issue, devant nécessairement quitter les eaux d'Aix. La société triomphait...

Le lendemain, sur les huit heures du matin, l'adversaire de Raphaël, suivi de deux témoins et d'un chirurgien, arriva le premier sur le terrain.

— Nous serons très-bien ici!..... s'écria-t-il gaîment. Il fait un temps superbe pour se battre...

Et il regarda la voûte bleue du ciel, les eaux du lac et les rochers sans la moindre arrière-pensée de doute et de deuil.

— En le touchant à l'épaule, dit-il en con-

246 LA PEAU DE CHAGRIN.

tinuant, je le mettrai bien au lit pour un mois?..
N'est-ce pas, docteur?...

— Au moins!... répondit le chirurgien. Mais
laissez ce petit saule tranquille ; autrement ,
vous feriez tressaillir les nerfs de votre main ,
et, ne pouvant viser avec justesse, vous ne
seriez plus maître de votre coup. Vous tueriez
votre homme au lieu de le blesser.

— Le voici!... dirent les témoins en entendant le bruit d'une voiture.

Et bientôt ils aperçurent une calèche de
voyage, attelée de quatre chevaux et menée par
deux postillons.

— Quel singulier genre!.. s'écria l'adversaire
de Valentin. Il vient se faire tuer en poste !....

A un duel comme au jeu, les plus légers in-
cidens influent sur l'imagination des acteurs
fortement intéressés au succès d'une partie. Aussi
le jeune homme attendit-il avec une sorte d'inquiétude l'arrivée de cette voiture.

Le vieux Jonathas en descendit lentement.
Ses mouvemens étaient lourds et ses gestes
pesans. Il aida Raphaël à sortir, et le soutint
de ses bras débiles, en ayant pour lui les soins
minutieux qu'un amant prodigue à sa maîtresse.
Alors, les quatre spectateurs de cette scène
singulière éprouvèrent une émotion profonde

L'AGONIE. 247

en voyant Valentin accepter le bras de son
serviteur pour se rendre au lieu du combat.
Pâle et défait, il marchait en goutteux, bais-
sait la tête et ne disait mot. C'étaient deux vieillards également détruits, l'un par le temps,
l'autre par la pensée : le premier avait son âge
écrit sur ses cheveux blancs, le jeune n'avait
plus d'âge.

— Monsieur, je n'ai pas dormi!.... dit Raphaël à son adversaire.

Cette parole glaciale, et le regard terrible
dont elle fut accompagnée firent tressaillir le
véritable provocateur. Il eut la conscience de
son tort et une honte secrète de sa conduite. Il
y avait dans l'attitude, dans le son de voix et
le geste de Raphaël quelque chose d'étrange.

Le marquis fit une pause, et chacun imita
son silence. L'inquiétude et l'attention étaient
au comble.

— Il est encore temps, reprit-il, de me donner une légère satisfaction ; mais donnez-la-moi,
Monsieur, ou sinon, vous allez mourir!.. Vous
comptez encore en ce moment sur votre habi-
leté, sans reculer à l'idée d'un combat où vous
croyez avoir tout l'avantage.... Eh bien ! Monsieur, je suis généreux : je vous préviens de ma
supériorité... Je possède une terrible puissance:

pour anéantir votre adresse, pour voiler vos regards, faire trembler vos mains et palpiter votre cœur, pour vous tuer même, il me suffit de le désirer.... Et je ne veux pas être obligé d'exercer deux fois mon pouvoir, il me coûte trop cher d'en user !.... Si donc vous vous refusez à me présenter des excuses, votre balle ira dans le lac, malgré votre habitude de l'assassinat ; et la mienne... droit à votre cœur sans que j'y vise.

En ce moment des voix confuses interrompirent Raphaël. En prononçant ces paroles, il avait constamment dirigé sur son adversaire l'insupportable clarté de son regard fixe ; puis, il s'était redressé, montrant un visage impassible, implacable, semblable à celui d'un fou froidement méchant.

— Fais-le taire.... avait dit le jeune homme à son témoin ; sa voix me tord les entrailles....

— Monsieur, cessez.... Vos discours sont inutiles.... crièrent à Raphaël le chirurgien et les témoins.

— Messieurs, je remplis un devoir.... Ce jeune homme a-t-il des dispositions à prendre ?...

— Assez... assez...

Alors le marquis resta debout, immobile, sans perdre un instant de vue son adversaire ;

L'AGONIE.

et, celui-ci, dominé par une puissance presque magique, était, comme un oiseau devant un serpent, contraint de subir ce regard homicide : il le fuyait et y revenait sans cesse.

— Donne-moi de l'eau?... j'ai soif... dit-il à son témoin.

— As-tu peur?...

— Oui, répondit-il. L'œil de cet homme est brûlant et me fascine.

— Veux-tu lui faire des excuses?...

— Il n'est plus temps!...

Les deux adversaires furent placés à dix pas l'un de l'autre. Ils avaient chacun, près d'eux, une paire de pistolets, et devaient tirer deux coups à volonté, mais après le signal donné par les témoins. Tel était le programme de cette cérémonie.

— Que fais-tu, Charles!.... cria le jeune homme qui servait de second à l'adversaire de Raphaël; tu prends la balle avant la poudre...

— Je suis mort!... répondit-il en murmurant. Vous m'avez mis en face du soleil...

— Il est derrière vous!... lui dit Valentin d'une voix grave et solennelle.

Et le marquis chargeait son pistolet lentement, ne s'inquiétant ni du signal déjà donné, ni du soin avec lequel l'ajustait son adversaire.

LA PEAU DE CHAGRIN.

Il y avait dans cette sécurité surnaturelle quelque chose de terrible qui saisit même les deux postillons amenés là par une curiosité cruelle. Jouant avec son pouvoir, ou voulant l'éprouver, Raphaël parlait à Jonathas, et le regardait au moment où il essuya le feu de son ennemi. La balle de Charles alla briser le petit saule, et ricocha sur l'eau, tandis qu'il fut atteint dans le cœur par celle de Valentin qui tira au hasard.

Ne faisant aucune attention au jeune homme tombé raide mort sans pousser un cri, Raphaël chercha promptement sa peau de chagrin pour voir ce que lui coûtait une vie humaine ; et, la trouvant à peine grande comme une feuille de peuplier, une espèce de râle sortit de sa poitrine.

— Eh bien ! que regardez-vous donc là, postillons ?... En route, dit le marquis.

Arrivé le soir même en France, il prit aussitôt la route d'Auvergne, et se rendit aux eaux du Mont-d'Or.

Pendant ce voyage, il surgit au cœur de Raphaël une de ces pensées soudaines qui tombent dans notre ame comme un rayon de soleil à travers d'épais nuages sur quelque obscure vallée. Tristes lueurs ! sagesses implacables ! elles illuminent les événemens accomplis, nous

L'AGONIE. 251

dévoilent nos fautes, et nous laissent sans pardon devant nous-mêmes !

Valentin pensa tout à coup que la possession du pouvoir, quelque immense qu'il pût être, ne donnait pas la science de s'en servir. Le sceptre est un jouet pour un enfant ; une hache, pour Richelieu ; et pour Napoléon, un levier à faire pencher le monde. Le pouvoir nous laisse tels que nous sommes et ne grandit que les grands !...

Raphaël avait pu tout faire, il n'avait rien fait !...

L.

Aux eaux du Mont-d'Or, Raphaël retrouva ce monde qui s'éloignait de lui avec l'empressement que les animaux mettent à fuir un des leurs, étendu mort, après l'avoir flairé de loin. Mais cette haine était réciproque. Sa dernière aventure lui avait donné une aversion profonde pour la société.

Aussi, son premier soin fut-il de chercher un asile écarté aux environs des eaux. Il sentait instinctivement le besoin de se rapprocher de la nature, des émotions vraies, et de cette vie

L'AGONIE. 253

végétative à laquelle nous nous laissons si complaisamment aller au milieu des champs.

Le lendemain de son arrivée, il gravit, non sans peine, le pic de Sancy, et visita les vallées supérieures, les sites aériens, les lacs ignorés, les rustiques chaumières des Monts-d'Or, dont les âpres et sauvages attraits commencent à tenter les pinceaux de nos artistes. Parfois, en effet, il se rencontre là d'admirables paysages pleins de grâce et de fraîcheur qui contrastent vigoureusement avec l'aspect sinistre de ces montagnes désolées.

A peu près à une demi-lieue du village, Raphaël se trouva dans un endroit où, coquette et joueuse comme un enfant, la nature semblait avoir pris plaisir à cacher des trésors. En voyant cette retraite pittoresque et naïve, Valentin résolut d'y vivre. La vie devait y être tranquille, spontanée, frugiforme comme celle d'une plante.

Figurez-vous un cône renversé, mais un cône de granit largement évasé, espèce de coup immense dont les bords étaient ébréchés par des anfractuosités bizarres; présentant ici, des tables droites, sans végétation, unies, bleuâtres, et sur lesquelles les rayons solaires glissaient comme sur un miroir; là, des rochers morcelés par des cassures, ridés par des ravins, d'où

II. 22

pendaient des quartiers de lave dont la chute était lentement préparée par les eaux pluviales, et souvent couronnés de quelques arbres rachitiques et penchés que torturaient les vents. Puis, çà et là, des redans obscurs et frais d'où s'élevait un bouquet de châtaigniers hauts comme des cèdres, ou des grottes jaunâtres, montrant une bouche noire et profonde, palissée de ronces, de fleurs, et précédée d'une langue de verdure.

Au fond de cette coupe, l'ancien cratère d'un volcan peut-être, se trouvait un petit lac dont l'eau pure avait l'éclat du diamant. Autour de ce bassin profond, bordé de granit, de saules, de glaïeuls, de frênes et de mille plantes aromatiques alors en fleurs, régnait une prairie verte comme un boulingrin anglais, mais dont l'herbe était fine et jolie, toujours arrosée sans doute par les infiltrations qui ruisselaient brillantes entre les fentes des rochers et engraissée des dépouilles végétales que les orages entraînaient sans cesse des hautes cîmes vers le fond. Irrégulier, capricieusement taillé en dents de loup comme le bas d'une robe, le lac pouvait avoir dix arpens d'étendue ; et, selon les rapprochemens des rochers et de l'eau, la prairie avait un arpent ou deux de largeur ; en quelques endroits, à peine restait-il assez de place pour le passage des vaches.

A une certaine hauteur, la végétation cessait. Alors, le granit affectait dans les airs les formes les plus bizarres, et contractait ces couleurs variées, ces belles teintes qui donnent, à toutes les montagnes très-élevées, de vagues ressemblances avec les nuages du ciel.

Au doux aspect du vallon, ces rochers nus et pelés opposaient leurs amères beautés : c'étaient les images stériles et sauvages de la désolation, des éboulemens à craindre et des formes tellement fantastiques que l'une de ces roches est nommée *le Capucin*, tant elle ressemble à un moine.

Mais aussi ces aiguilles pointues, ces piles audacieuses, ces cavernes aériennes s'illuminaient tour à tour, suivant le cours du soleil ou les fantaisies de l'atmosphère, et prenaient les nuances de l'or, se teignaient de pourpre, devenaient parfois d'un rose vif, ou ternes et grises : il y avait dans ces hauteurs un spectacle continuel et changeant comme les reflets irisés de la gorge des pigeons.

Parfois, entre deux lames de laves que vous eussiez dit séparées par un coup de hache, un beau rayon de lumière pénétrait, à l'aurore ou

256 LA PEAU DE CHAGRIN.

au coucher du soleil, jusqu'au fond de cette riante corbeille, où il se jouait dans les eaux du bassin, semblable à la raie d'or qui perce la fente d'un volet et traverse une chambre espagnole, soigneusement close par la sieste.

Puis, quand le soleil planait au-dessus du vieux cratère, empli d'eau par une révolution antédiluvienne, alors les flancs rocailleux s'échauffaient, l'ancien volcan s'allumait, et cette rapide chaleur fécondait la végétation, réveillait les germes, colorait les fleurs, mûrissait les fruits de ce petit coin de terre ignoré.

Lorsque Raphaël y parvint, il aperçut quelques vaches paissant dans la prairie ; et, quand il eut fait quelques pas vers le lac, il vit, à l'endroit où le terrain avait le plus de largeur, une modeste maison bâtie en granit, mais couverte en bois. Cette vieille chaumière était en harmonie avec le site. Le toit, orné de mousses, de lierres et de fleurs, trahissait une haute antiquité. Une fumée grêle, dont les oiseaux ne s'effrayaient plus, s'échappait de la cheminée en ruine. A la porte, il y avait un grand banc, placé entre deux chèvrefeuilles énormes, rouges de fleurs et qui embaumaient. A peine voyait-on les murs sous les pampres de la vigne et sous les guirlandes de roses et de jasmin, qui crois-

L'AGONIE.

saient à l'aventure et sans gêne. Insoucians de cette parure champêtre, les habitans n'en avaient nul soin, laissant à la nature sa grâce vierge et capricieuse. Des langes accrochés à un groseiller séchaient au soleil. Il y avait un chat accroupi sur une machine à teiller le chanvre ; et, dessous, un chaudron jaune, récemment récuré, gisait au milieu de quelques pelures de pommes de terre.

De l'autre côté de la maison, Raphaël aperçut une clôture d'épines sèches, destinée sans doute à empêcher les poules de dévaster les fruits et le potager.

Le monde paraissait finir là, et cette habitation ressemblait à ces nids d'oiseaux si ingénuement fixés au creux d'un rocher, bien empaillés, pleins d'art et de négligence tout ensemble. C'était une nature naïve et bonne, une rusticité vraie; mais poétique, parce qu'elle florissait à mille lieues de nos poésies peignées, n'avait d'analogie avec aucune idée, ne procédait que d'elle-même, vrai triomphe du hasard !...

Au moment où Raphaël arriva, le soleil jetait ses rayons de droite à gauche, faisant resplendir les couleurs de la végétation, mettant en relief et décorant de tous les prestiges de la lumière et de l'ombre, les fonds jaunes et grisâtres des rochers, les différens verts des feuillages, les masses bleues, rouges et blanches des fleurs, les plantes grimpantes et leurs cloches, le velours chatoyant des mousses, les grappes purpurines de la bruyère et surtout la nappe d'eau claire où se réflechissaient fidèlement les cimes granitiques, les arbres, la maison et le ciel.

C'était un tableau délicieux, où tout avait son lustre, depuis le mica brillant jusqu'à la touffe d'herbes blondes cachée dans un doux clair-obscur. L'ame se réjouissait à voir la vache tachetée, au poil luisant, les fragiles fleurs aquatiques étendues comme des franges et pendant au-dessus de l'eau, dans un enfoncement où bourdonnaient des insectes vêtus d'azur ou d'émeraude ; puis, les racines d'arbres, espèces de chevelures sablonneuses qui couronnaient une informe figure de cailloux. Les tièdes senteurs des eaux, des fleurs et des grottes qui parfumaient ce réduit solitaire, causèrent à Raphaël une sensation presque voluptueuse.

Le silence majestueux qui régnait dans ce bocage, oublié peut-être sur les rôles du percepteur, fut alors interrompu par les aboiemens de deux chiens. Les vaches tournant la tête vers l'entrée du vallon, montrèrent à Raphaël leurs muffles humides, et après l'avoir stupidement contemplé, se remirent à brouter philosophiquement. Suspendus dans les rochers comme par magie, une chèvre et son chevreau cabriolèrent et vinrent se poser sur une table de granit près de Raphaël, en paraissant l'interroger.

Enfin, les jappemens des chiens attirèrent au dehors un gros enfant qui resta béant; puis, vint un vieillard en cheveux blancs et de moyenne taille. Ces deux êtres étaient en rapport avec le paysage, avec l'air, les fleurs et la maison. La santé débordait dans cette nature plantureuse : la vieillesse et l'enfance y étaient belles. Enfin il y avait dans tous ces types d'existence un laisser-aller primordial, une routine de bonheur qui donnait un démenti à nos capucinades philosophiques et guérissait le cœur de ses passions boursouflées.

Le vieillard appartenait aux modèles affectionnés par les mâles pinceaux de Schnetz : c'était un visage brun dont les rides nombreuses paraissaient rudes au toucher, un nez droit, des pommettes saillantes et veinées de rouge comme une vieille feuille de vigne, des contours anguleux, tous les caractères de la force, même là où la force avait disparu; puis, des mains calleuses, quoiqu'elles ne travaillassent plus, conservait un poil blanc et rare; enfin, une attitude d'homme vraiment libre, qui en Italie serait peut-être devenu brigand par amour pour sa précieuse liberté.

L'enfant, véritable montagnard, avait des yeux noirs qui pouvaient envisager le soleil sans cligner, un teint de bistre, des cheveux bruns en désordre. Il était leste et décidé, naturel dans ses mouvemens comme un oiseau; mal vêtu, mais laissant voir une peau blanche et fraîche à travers les déchirures de ses habits.

Tous deux restèrent debout et en silence, l'un près de l'autre, mus par le même senti- ment, offrant sur leur physionomie la preuve d'une identité parfaite dans leur vie également oisive. Le vieillard avait épousé tous les jeux de l'enfant, et l'enfant, l'humeur du vieillard; espèce de pacte, entre deux faiblesses; entre une force prête à finir et une force prête à se mouvoir.

Enfin une femme âgée d'environ trente ans apparut sur le seuil de la porte. Elle filait en marchant. C'était une Auvergnate, haute en couleur, l'air réjoui, franche, à dents blanches, figure de l'Auvergne, taille d'Auvergne, coif- fure, robe de l'Auvergne, seins rebondis de l'Auvergne, et son parler; une idéalisation complète du pays : mœurs laborieuses, ignorance, économie, cordialité, tout y était.

Elle salua Raphaël; ils entrèrent en conversation; les chiens s'apaisèrent; le vieillard s'assit sur un banc au soleil, et l'enfant suivit sa mère partout où elle alla, silencieux, mais écoutant, examinant l'étranger.

— Vous n'avez pas peur ici, ma bonne femme ?...

— Et d'où que nous aurions peur, Monsieur ? Quand nous barrons l'entrée, qui donc pourrait venir ici ?... Oh ! nous n'avons point peur !..

— D'ailleurs, dit-elle en faisant entrer le marquis dans la grande chambre de la maison, qu'est-ce que les voleurs viendraient donc prendre chez nous ?...

Et elle montrait des murs noircis par la fumée, sur lesquels étaient, pour tout ornement, ces images enluminées en bleu, en rouge et en vert qui représentent la *Mort de Crédit*, la *Passion de Jésus Christ* et les *Grenadiers de la garde impériale*; puis, çà et là, dans la chambre, un vieux lit de noyer à colonnes, des plâtres jaunis et colorés sur la cheminée, une table à pieds tordus, des escabeaux, la huche au pain, du lard pendu au plancher, du sel dans un pot, et une poêle.

En sortant de la maison, Raphaël aperçut,
au milieu des rochers, un homme tenant une
houe à la main, penché, curieux, regardant
la maison.

— Monsieur, c'est l'homme !.... dit l'Auvergnate en laissant échapper ce sourire familier
aux paysannes ; il laboure là haut.

— Et ce vieillard est votre père ?

— Faites excuse, Monsieur : c'est le grand
père de notre homme. Tel que vous le voyez,
il a cent deux ans !... Eh ben, dernièrement il
a mené à pied, notre petit gars à Clermont !...
Ça a été un homme fort ; maintenant, il ne fait
plus que dormir, boire et manger... Il s'amuse
toujours avec le petit gars..... Quelquefois le
petit l'emmène dans les hauts !... Il y va tout
de même.

Aussitôt Valentin se résolut à vivre entre ce
vieillard et cet enfant, à respirer dans leur atmosphère, à manger de leur pain, à boire de
leur eau, à dormir de leur sommeil, à se faire
de leur sang dans les veines. Caprice de mourant !...

Devenir une des huîtres de ce rocher, sauver
son écaille du néant, engourdir, près de lui, la
mort, fut, pour lui, l'archétype de la morale
individuelle, la religion de la personnalité, la

L'AGONIE.

véritable formule de l'existence humaine, le
beau idéal de la vie, la seule vie, la vraie vie.

Il lui vint au cœur une profonde pensée d'é-
goïsme où s'engloutit l'univers. A ses yeux, il
n'y eut plus d'univers; ou, plutôt, l'univers
passa tout en lui.

Pour les malades, le monde commence au
chevet et finit au pied de leur lit : ce paysage
fut le lit de Raphaël.

LI.

Qui n'a pas, une fois dans sa vie, espionné
les pas et démarches d'une fourmi, glissé des
pailles dans l'unique orifice par lequel respire
une limace blonde, étudié les fantaisies d'une
demoiselle fluette ; admiré les mille veines, co-
loriées comme une rose de cathédrale gothique,
qui se détachent sur le fond rougeâtre des feuil-
les d'un jeune chêne ?... Qui n'a pas délicieusement regardé pendant long-temps l'effet de la
pluie et du soleil sur un toit de tuiles brunes,
ou contemplé les gouttes de la rosée, les pétales des fleurs, les découpures variées de leurs

L'AGONIE. 265

calices?..... Qui ne s'est pas plongé dans ces rêveries matérielles, sans but et menant à quelque pensée, indolentes et occupées?.... Qui n'a pas enfin mené la vie du sauvage, moins ses travaux, la vie de l'enfance, la vie paresseuse?...

Ainsi vécut Raphaël pendant plusieurs jours, sans soins, sans désirs, éprouvant un mieux sensible, un bien-être extraordinaire qui calma ses inquiétudes, apaisa ses souffrances. Gravissant les rochers, il allait s'asseoir sur un pic d'où ses yeux embrassaient quelque paysage d'immense étendue, restant là des journées entières comme une plante au soleil, comme un lièvre au gîte... Ou bien, se familiarisant avec les phénomènes de la végétation, avec les vicissitudes du ciel, il épiait le progrès de toutes les œuvres, sur la terre, dans les eaux ou dans l'air.

Il tenta de s'associer au mouvement intime de cette nature, et de s'identifier assez complètement à sa passive obéissance, pour tomber sous la loi despotique et conservatrice qui régit les existences instinctives. Il ne voulait plus être chargé de lui-même; et, semblable à ces criminels d'autrefois, qui, poursuivis par la Justice, étaient sauvés s'ils atteignaient l'ombre d'un autel, il essayait de se glisser dans le sanc-

II. 23

tuaire de la vie. Il réussit à devenir partie intégrante de cette large et puissante fructification : il avait épousé les intempéries de l'air, habité tous les creux de rochers, appris les mœurs et les habitudes de toutes les plantes, étudié le régime des eaux, leurs gisemens, et fait connaissance avec les animaux. Enfin, il s'était si parfaitement uni à cette terre animée qu'il en avait, en quelque sorte, saisi l'ame et pénétré les secrets. Pour lui, les formes infinies de tous les règnes, étaient les développemens d'une même substance, les combinaisons d'un même mouvement, vaste respiration d'un être immense qui agissait, pensait, marchait, grandissait, et il voulait grandir, marcher, penser, agir avec lui, comme lui. Il avait fantastiquement mêlé sa vie à la vie de ce rocher; c'était sa maison, sa coquille; il s'y était implanté.

Grâce à ce mystérieux illuminisme, convalescence factice, semblable à ces bienfaisans délires accordés par la nature comme autant de haltes dans la douleur, Valentin goûta tous les plaisirs d'une seconde enfance durant les premiers momens de son séjour au milieu de ce riant paysage. Il allait y dénichant des riens, entreprenant mille choses sans en achever aucune; oubliant le lendemain les projets de la

veille ; insouciant, musard, il fut heureux et se
crut sauvé.

Un matin, il était resté par hasard, au lit,
jusqu'à midi, plongé dans cette rêverie mêlée
de veille et de sommeil qui prête aux réalités
les apparences de la fantaisie, et donne aux
chimères le relief de l'existence ; quand tout à
coup, sans savoir d'abord s'il ne continuait
pas un rêve, il entendit, pour la première fois,
le bulletin de sa santé donné par son hôtesse
à Jonathas, venu, comme chaque jour, le lui
demander.

L'Auvergnate croyant, sans doute, Valentin
encore endormi, n'avait pas baissé le diapason
de sa voix montagnarde.

— Ça ne va pas mieux, ça ne va pas pire...
disait-elle. Il a encore toussé toute cette nuit,
à rendre l'ame.... Il tousse, il crache, ce cher
Monsieur, que c'est une pitié. Je me deman-
dons moi et mon homme, où il prend la force
de tousser comme ça.... Que ça fend le cœur.
Quelle damnée maladie qu'il a?... C'est qu'il
n'est point bien, du tout!.... J'avons toujours
peur de le trouver crevé dans son lit, un matin.
Il est vraiment pâle comme un Jésus de cire !...
Dame, je le vois quand il se lève, eh ben, son
pauvre corps est maigre comme un cent de

268 — LA PEAU DE CHAGRIN.

clous... Et il ne sent déjà pas bon tout de même...
Ça lui est égal, il se consomme à courir comme
s'il avait de la santé..... Il a bien du courage
tout de même de ne pas se plaindre.... Mais,
c'est sûr, vraiment, qu'il serait mieux en terre
qu'en pré, vu qu'il souffre la passion de Dieu!...
Je ne le désirons pas, Monsieur. Ce n'est point
notre intérêt.... Mais il ne nous donnerait pas
ce qu'il nous donne que je l'aimerions tout de
même : ce n'est point l'intérêt qui nous pousse.

— Ah ! mon Dieu ! reprit-elle, il n'y a que
les Parisiens pour avoir de ces chiennes de ma-
ladies-là ?.... Où qui prennent ça.... donc ?....
Pauvre jeune homme, il est sûr qu'il ne peut
guères ben finir... C'te fièvre, voyez-vous, ça
vous le mine, ça le creuse, ça le ruine... Il ne
s'en doute point... Il ne le sait point, Monsieur !..
Il ne s'aperçoit de rien... Faut pas pleurer pour
ça, M. Jonathas ?..... il faut se dire qu'il sera
heureux de ne plus souffrir..... Vous devriez
faire une neuvaine pour lui.... J'avons vu de
belles guérisons par les neuvaines, et je paie-
rions bien un cierge pour sauver une si douce
créature, si bonne... C'est un agneau pascal.

La voix de Raphaël étant devenue trop faible pour qu'il pût se faire entendre, il fut
obligé de subir cet épouvantable bavardage;

L'AGONIE. 269

mais l'impatience le fit sortir de son lit ; et, se montrant sur le seuil de la porte :

— Vieux scélérat !... cria-t-il à Jonathas, tu veux donc être mon bourreau !...

Croyant voir un sceptre, la paysanne s'enfuit.

— Je te défends, dit Raphaël en continuant, d'avoir la moindre inquiétude sur ma santé !...

— Oui, M. le marquis... répondit le vieux serviteur en essuyant ses larmes.

— Et tu feras même fort bien dorénavant, de ne pas venir ici sans mon ordre.

Jonathas voulut obéir ; mais, avant de se retirer, il jeta sur le marquis un regard fidèle et compatissant où Raphaël lut son arrêt de mort.

Découragé, rendu tout à coup au sentiment vrai de sa situation, Valentin s'assit sur le seuil de la porte, se croisa les bras sur la poitrine et baissa la tête.

Jonathas effrayé s'approcha de son maître.

— Monsieur ?...

— Va-t'en !.... va-t'en ! lui cria le malade.

Pendant la matinée du lendemain, Raphaël, ayant gravi les rochers, s'était assis dans une crevasse pleine de mousse, d'où il pouvait voir le chemin étroit par lequel on venait des Eaux

270 LA PEAU DE CHAGRIN.

à son habitation. Au bas du pic, il aperçut Jonathas conversant derechef avec l'Auvergnate. Une malicieuse puissance lui interpréta les hochemens de tête, les gestes désespérans, la sinistre naïveté de cette femme, et lui en jeta même dans le vent et dans le silence les fatales paroles...

Pénétré d'horreur, il se réfugia sur les plus hautes cimes des montagnes et y resta jusqu'au soir, sans avoir pu chasser les sinistres pensées, si malheureusement réveillées dans son cœur par le cruel intérêt dont il était devenu l'objet.

Tout à coup l'Auvergnate elle-même se dressa soudain devant lui comme une ombre dans l'ombre du soir; et, par une bizarrerie de poète, il voulut trouver, dans son jupon rayé de noir et de blanc, une vague ressemblance avec les côtes desséchées d'un spectre.

— Voilà le serein qui tombe, mon cher Monsieur... lui dit-elle. Si vous restez là, vous vous avanceriez, ni plus ni moins qu'un fruit patrouillé... Faut rentrer ! Ça n'est pas sain de humer la rosée, avec ça que vous n'avez rien pris depuis ce matin...

— Par le tonnerre de Dieu !... s'écria-t-il, sacrée sorcière, je vous ordonne de me laisser vivre à ma guise !... ou je décampe d'ici... C'est

bien assez de me creuser ma fosse tous les matins, au moins ne la fouillez pas le soir...

— Votre fosse !... Monsieur !... Creuser votre
fosse !... Où qu'elle est donc votre fosse ?... Je
voudrions vous voir bastant comme notre père,
et point dans la fosse! La fosse !... Nous y
sommes toujours assez tot , dans la fosse !...

— Assez !... dit Raphaël.

— Prenez mon bras, monsieur.

— Non...

Le sentiment que l'homme supporte le plus
difficilement est la pitié quand il la mérite. La
haine est un tonique ; elle fait vivre ; elle in-
spire la vengeance ; mais la pitié tue, elle af-
faiblit encore notre faiblesse. C'est le mal devenu patelin, c'est le mépris dans la tendresse,
ou la tendresse dans l'offense.

Raphaël trouva chez le centenaire une pitié
triomphante ; chez l'enfant , une pitié curieuse ;
chez la femme , une pitié tracassière ; chez le
mari , une pitié intéressée ; mais, sous quelque
forme que ce sentiment se montrât , il était toujours gros de mort. Un poète fait de tout, un
poème, terrible ou joyeux , suivant les images
qui le frappent ; son ame exaltée rejette les
nuances et choisit toujours les couleurs vives
et tranchées ; or , cette pitié produisit au cœur

272 LA PEAU DE CHAGRIN.

de Raphaël un horrible poème de deuil et de mélancolie.

Il n'avait pas songé sans doute à la franchise des sentimens naturels, en désirant se rapprocher de la nature.

Quand il se croyait seul sous un arbre et qu'il était aux prises avec une quinte opiniâtre, dont il ne triomphait jamais sans sortir abattu par cette terrible lutte, il voyait les yeux brillans et fluides du petit garçon, placé en vedette sous une touffe d'herbes, comme un sauvage, et qui l'examinait avec cette enfantine curiosité dans laquelle il y a autant de raillerie que de plaisir, et je ne sais quel intérêt mêlé d'insensibilité.

Le terrible — *Frère, il faut mourir!...* des Chartreux, semblait constamment écrit dans les yeux des paysans avec lesquels vivait Raphaël; et il ne savait ce qu'il craignait le plus, de leurs paroles naïves ou de leur silence. Tout en eux le gênait.

Enfin, un matin, il vit deux hommes vêtus de noir qui rôdèrent autour de lui, le flairèrent et l'étudièrent à la dérobée. Puis, feignant d'être venus là en se promenant, ils lui adressèrent des questions bannales auxquelles il répondit brièvement.

L'AGONIE. 273

Il reconnut en eux le médecin et le curé des Eaux, sans doute envoyés par Jonathas, consultés par ses hôtes ou attirés par l'odeur d'une mort prochaine.

Alors, il entrevit son propre convoi, il entendit le chant des prêtres, il compta les cierges, et ne vit plus qu'à travers un crêpe, les beautés de cette riche nature, au sein de laquelle il croyait avoir rencontré la vie. Tout ce qui naguères lui annonçait une longue existence, lui prophétisait maintenant une fin prochaine.

Le lendemain, il partit pour Paris, après avoir été abreuvé des souhaits mélancoliques et cordialement plaintifs que ses hôtes lui adressèrent.

XLII.

Après avoir voyagé durant toute la nuit, Raphaël s'éveilla dans l'une des plus riantes vallées du Bourbonnais dont les sites et les points de vue tourbillonnaient devant lui, rapidement emportés comme les images vaporeuses d'un songe. La nature s'étalait à ses yeux avec une cruelle coquetterie.

C'était tantôt une perspective de l'Allier déroulant son ruban liquide et brillant ; puis, des hameaux modestement cachés au fond d'une gorge de roches jaunâtres et montrant la pointe de leurs clochers ; tantôt les moulins d'un petit vallon, se découvraient soudain après des vignobles monotones; et toujours de rians châteaux, des villages suspendus ou quelques routes bordées de peupliers majestueux; enfin, la Loire et ses longues nappes diamantées reluisirent au milieu de ses sables dorés... Séductions sans fin !...

· La nature agitée, vivace comme un enfant, contenant à peine l'amour et la sève du mois de juin, attirait fatalement les regards éteints du malade.

Il leva les persiennes de sa voiture, et se remit à dormir.

Vers le soir, après avoir passé Cosne, il fut réveillé par une joyeuse musique, et se trouva devant une fête de village. La poste étant située près de la place, il vit, pendant le temps que les postillons mirent à relayer sa voiture, les danses de cette population joyeuse, les filles parées de fleurs, jolies, agaçantes, les jeunes gens animés, puis les trognes de tous les vieux paysans, gaillardes et rougies par le vin. Les petits enfans se rigolaient, les vieilles femmes parlaient en riant, tout avait une voix, et le plaisir enjolivait même les habits et les tables dressées. La place et l'église avaient enfin une physionomie de bonheur, et les toits, les fenê-

276   LA PEAU DE CHAGRIN.

tres, les portes même du village semblaient s'être endimanchées aussi.

Semblables aux moribonds impatiens du moindre bruit, Raphaël ne put réprimer une sinistre interjection, ni le désir d'imposer silence à ces violons, d'anéantir ce mouvement, d'assourdir ces clameurs, de dissiper cette fête insolente.

Il monta tout chagrin dans sa voiture. Puis, quand il regarda sur la place, il vit la joie effarouchée, les paysannes en fuite et les bancs déserts. Sur l'échafaud de l'orchestre, un ménétrier aveugle continuait à jouer une ronde criarde sur sa clarinette. Cette musique sans danseurs, ce vieillard solitaire au profil grimaud, en haillons, les cheveux épars, et caché dans l'ombre d'un tilleul, était comme une image fantastique du souhait de Raphaël...

Il tombait à torrens une de ces fortes pluies que les nuages électriques du mois de juin versent si brusquement et qui finissent aussitôt.

C'était chose si naturelle, que Raphaël, après avoir regardé dans le ciel, quelques nuages blanchâtres emportés par un grain de vent, ne songea pas à regarder sa peau de chagrin. Il se remit dans le coin de sa voiture, qui bientôt roula sur la route.

L'AGONIE. 277

Le lendemain il se trouva chez lui, dans sa chambre, au coin de sa cheminée. Il s'était fait allumer un grand feu; il avait froid!..... Jonathas lui apporta des lettres. Elles étaient toutes de Pauline. Il ouvrit la première sans empressement, la dépliant comme si c'eût été le papier grisâtre d'une *sommation sans frais* envoyée par le percepteur. Il lut la première phrase :

« Parti!... mais c'est une fuite, mon Ra-
» phaël? Comment! personne ne peut me dire
» où tu es... Et si je ne le sais pas, qui donc le
» saurait?... »

Sans vouloir en apprendre davantage, il prit froidement toutes les lettres et les jeta dans le feu, regardant d'un œil terne et sans chaleur les jeux de la flamme qui tordait le papier parfumé, le racornissait, le retournait, le morcelait. Alors des fragmens roulèrent sur les cendres, çà et là; lui laissant voir des commencemens de phrase, des mots, des pensées à demi brûlées, et qu'il se plut à saisir dans là flamme par jeu; mais c'était un divertissement machinal et presque involontaire...

..... Assise à ta porte... — ... attendu. — Ca-

II. 24

price... j'obéir...—Des rivales... moi! — non!..
— ta Pauline..... aime..... — plus de Pauline
donc?... — Si tu avais voulu me quitter, tu
ne m'aurais pas abandonnée... — Amour éternel... — Mourir !

Ces mots lui donnèrent une sorte de remords, il saisit les pincettes et sauva des flammes un dernier lambeau de lettre.

« ..... J'ai murmuré, disait Pauline, mais je
» ne me suis pas plaint, Raphaël?... — En me
» laissant loin de toi, tu as sans doute voulu me
» dérober le poids de quelques chagrins. Un
» jour, tu me tueras peut-être, mais tu es trop
» bon pour me faire souffrir... Eh bien, ne pars
» plus ainsi. — Va, je puis affronter les plus
» grands supplices, mais près de toi... Le cha-
» grin que tu m'imposerais ne serait plus un
» chagrin:—j'ai dans le cœur encore bien plus
» d'amour que je ne t'en ai montré. — Je puis
» tout supporter... hors de pleurer loin de toi,
» et de ne pas savoir ce que tu... »

Raphaël posa sur la cheminée ce morceau
de papier noirci par le feu ; puis, tout à coup
il le rejeta promptement dans le foyer : c'était

une image trop vive de son amour et de sa fatale vie.

— Va chercher M. Prosper!.... dit-il à Jonathas.

Prosper vint et trouva Raphaël au lit.

— Mon ami, peux-tu me composer une boisson légèrement opiacée qui m'entretienne, dans une somnolence continuelle, sans que l'emploi constant de ce breuvage me fasse mal?...

— Rien n'est plus aisé, répondit le jeune docteur; mais il faudra bien, cependant, rester debout quelques heures de la journée, pour manger.

— Quelques heures?... dit Raphaël en l'interrompant. Non, non, je ne veux être levé que durant une heure au plus....

— Quel est donc ton dessein?... demanda Prosper.

— Dormir, c'est encore vivre!... répondit le malade.

— Ne laisse entrer personne, fut-ce même mademoiselle Pauline de Vitschnau!... dit Valentin à Jonathas, pendant que le médecin écrivait son ordonnance.

— Hé bien, M. Prosper, y a-t-il de la ressource?.... demanda le vieux domestique au

280 — LA PEAU DE CHAGRIN.

jeune docteur qu'il avait reconduit jusqu'au perron.

— Il peut aller encore long-temps, ou mourir ce soir!... Chez lui, les chances de vie et de mort sont égales... Je n'y comprends rien..... répondit le médecin en laissant échapper un geste de doute. Il faut le distraire...

— Le distraire!... Monsieur vous ne le connaissez pas. Il a tué l'autre jour un homme, sans dire *ouf!*... On ne le distrait point...

L'AGONIE. 281

XLIII.

Raphaël demeura pendant quelques jours plongé dans le néant de son sommeil factice. Grâce à la puissance matérielle exercée par l'opium sur notre ame prétendue immatérielle, cet homme d'imagination si puissamment active, s'abaissa jusqu'à la hauteur de ces animaux paresseux qui croupissent au sein des forêts, sous la forme d'une dépouille végétale, sans faire un pas, même pour saisir une facile proie. Il avait éteint la lumière du ciel ; le jour n'entrait plus chez lui.

Vers les huit heures du soir, il sortait de son

282 LA PEAU DE CHAGRIN.

lit ; et, sans avoir une conscience lucide de son existence, il satisfaisait sa faim, en trouvant un repas léger qui l'attendait, puis, se couchait aussitôt. Ses heures froides et ridées ne lui apportaient que de confuses images, des apparences, des ombres sur un fond noir. Il s'était enseveli dans un profond silence, dans une négation de mouvement et d'intelligence.

Un soir, il se réveilla beaucoup plus tard que de coutume, et ne trouva pas son dîner servi.

Sonnant aussitôt Jonathas :

— Tu peux partir, lui dit-il, je t'ai fait riche ; tu seras heureux dans tes vieux jours ; mais je ne veux plus te laisser jouer ma vie. Comment, misérable, je suis réveillé par la faim ?... Où est mon dîner ?... réponds ?...

Jonathas, laissant échapper un sourire de contentement, prit une bougie dont la lumière tremblottait dans l'obscurité profonde des immenses appartemens de l'hôtel, et conduisit son maître, redevenu machine, à une vaste galerie dont il ouvrit brusquement la porte.

Aussitôt Raphaël fut inondé de lumière, ébloui, surpris par un spectacle inouï. C'étaient ses lustres d'or chargés de bougies, les fleurs les plus rares de sa serre artistement disposées, une table étincelante d'argenterie, d'or, de nacre, de porcelaines, un repas royal, riche de mets appétissans, tout fumant et irritant par ses saveurs, les houppes nerveuses du palais.

Il vit ses amis convoqués, puis des femmes parées et ravissantes, mais la gorge nue, les épaules découvertes, les chevelures pleines de fleurs, les yeux brillans, et de beautés diverses, et agaçantes sous de voluptueux travestissemens. L'une avait dessiné ses formes attrayantes par une jaquette irlandaise; l'autre portait la basquina lascive des Andalouses; celle-ci, demi nue en Diane chasseresse, celle-là, modeste et amoureuse sous le costume de mademoiselle de Lavalière, étaient également vouées à l'ivresse, comme tous ses hôtes; car dans leurs regards brillaient la joie, l'amour, le plaisir.

Au moment où la morte figure de Raphaël se montra dans l'ouverture de la porte, une acclamation soudaine éclata, rapide, pénétrante comme les rayons de cette fête improvisée.

Les voix, les parfums, la lumière, et, près de lui, deux femmes d'une exquise beauté frappèrent tous ses sens, réveillèrent son appétit; puis, une délicieuse musique, cachée dans un salon voisin, couvrit, par un torrent d'harmonie, ce tumulte enivrant, et compléta cette étrange vision.

284   LA PEAU DE CHAGRIN.

Raphaël se sentant la main pressée par une main polie, une main de femme dont les bras frais et blancs, se levaient pour le serrer, recula d'horreur en comprenant que ce tableau n'était pas vague et fantastique comme les fugitives images de ses rêves décolorés; alors, poussant un cri sinistre, il ferma brusquement la porte et flétrit son vieux serviteur en le frappant au visage.

— Monstre!... tu as juré de me faire mourir!... s'écria-t-il.

Puis, tout palpitant du danger qu'il venait de courir, il trouva des forces pour regagner sa chambre, but une forte dose de sommeil et se coucha.

— Que diable, dit Jonathas en se relevant, M. Prosper m'avait cependant bien ordonné de le distraire...

Il était environ minuit, et, à cette heure, Raphaël, par un de ces caprices physiologiques, l'étonnement et le désespoir des sciences médicales, resplendissait de beauté pendant son sommeil. Un rose vif colorait ses joues blanches; son front, gracieux comme celui d'une jeune fille, exprimait le génie. La vie était en fleur sur ce visage tranquille et reposé. Vous eussiez dit d'un jeune enfant endormi sous la protection de sa mère. Et son sommeil était un bon sommeil, sa bouche vermeille laissait passer un souffle égal et pur. Raphaël souriait, transporté sans doute par un rêve, dans une belle vie. Il était peut-être centenaire; ses petits-enfans lui souhaitaient encore de longs jours; et, de son banc rustique, au soleil, assis sous le feuillage, il apercevait, comme le prophète, en haut de la montagne, la terre promise, dans un lointain prestigieux.

— Le voilà donc!...

Ces mots, prononcés d'une voix argentine, dissipèrent les figures nuageuses de son sommeil; et, à la lueur de la lampe, il vit, assise sur son lit, sa Pauline, mais Pauline embellie par l'absence et par la douleur.

Raphaël resta stupéfait à l'aspect de cette figure blanche comme les pétales d'une fleur des eaux, et qui, accompagnée de longs cheveux noirs, semblait encore plus blanche dans l'ombre. Des larmes avaient tracé leur route brillante sur ses joues, et y restaient suspendues, prêtes à tomber au moindre effort. Vêtue de blanc, la tête penchée et foulant à peine le lit, elle était là comme un ange descendu des cieux, apparition qu'un souffle pouvait faire disparaître.

286 — LA PEAU DE CHAGRIN.

— Ah! j'ai tout oublié!.... s'écria-t-elle au moment où Raphaël ouvrit les yeux. Je n'ai de voix que pour te dire : — Je suis à toi!... Oui, près de toi, mon cœur est tout amour... Ah! jamais, ange de ma vie, tu n'as été si beau. Tes yeux foudroient!... Mais je devine tout, va!.. Tu as été chercher la santé sans moi, tu me craignais... Eh bien!...

— Fuis!.... fuis!.... Laisse-moi!.... répondit enfin Raphaël d'une voix sourde... Mais va-t'en donc!.. Si tu restes là, je meurs!.. Veux-tu me voir mourir?...

— Mourir!..... répéta-t-elle. Est-ce que tu peux mourir sans moi!..... Mourir! mais tu es jeune!... Mourir! mais je t'aime!... Mourir!... ajouta-t-elle d'une voix profonde et gutturale.

Elle lui prit les mains par un mouvement de folie.

— Froides!... dit-elle. Est-ce une illusion?

Raphaël tira de dessous son chevet le lambeau de la peau de chagrin, fragile et petit comme une feuille de saule, et le lui montrant :

— Pauline, disons-nous adieu...

— Adieu?... répéta-t-elle d'un air surpris.

— Oui. Ceci est un talisman; il accomplit mes désirs, et représente ma vie... Vois ce qu'il

L'AGONIE.

m'en reste... Si tu me regardes encore, je vais mourir...

La jeune fille, croyant Valentin devenu fou, prit le talisman, et alla chercher la lampe; puis, éclairée par la lueur vacillante, qui se projetait également sur Raphaël, elle examina très-attentivement le visage de son amant et la dernière parcelle de la peau magique.

Mais lui, la voyant ainsi, belle de terreur et d'amour, il ne fut plus maître de sa pensée. Alors, les souvenirs des scènes caressantes, et des joies délirantes de sa passion triomphèrent dans son ame depuis long-temps endormie, et s'y réveillèrent comme un foyer mal éteint.

— Pauline! viens!... Pauline!...

Un cri terrible sortit du gosier de la jeune fille, ses yeux se dilatèrent, ses sourcils violemment tirés par une douleur inouïe, s'écartèrent avec horreur. Elle lisait dans les yeux de Raphaël un de ces désirs furieux, jadis sa gloire à elle, et, à mesure que grandissait ce désir, la peau en se contractant lui chatouillait la main...

Sans réfléchir, elle s'enfuit dans le salon voisin, dont elle ferma la porte.

— Pauline! Pauline!... cria le moribond, en courant après elle, je t'aime, je t'adore!... je te veux!... je te maudis, si tu ne m'ouvres!... Je veux mourir à toi!...

288 LA PEAU DE CHAGRIN.

Alors avec une force singulière, dernier éclat de vie, il jeta la porte à terre, et vit sa maîtresse, à demi nue, se roulant sur un canapé. Pauline avait tenté vainement de se déchirer le sein ; et, pour se donner une prompte mort, elle cherchait à s'étrangler avec son châle.

—Si je meurs, il vivra!... disait-elle.

Et elle tâchait vainement de serrer le nœud.

Ses cheveux étaient épars, ses épaules nues, ses vêtemens en désordre, et, dans cette lutte avec la mort, les yeux en pleurs, le visage enflammé, se tordant sous un horrible désespoir, elle présentait à Raphaël, ivre d'amour, mille beautés qui augmentèrent son délire.

Léger comme un oiseau de proie, il se jeta sur elle, à ses genoux, brisa le châle et voulut la prendre dans ses bras. Il chercha, dans son gosier, des paroles pour exprimer le désir qui héritait de toutes ses forces, mais il n'y trouva que les sons étranglés du râle, et chaque respiration creusée plus avant semblait partir de ses entrailles. Enfin, ne pouvant bientôt plus former de sons, il mordit Pauline...

.   .   .   .

.   .   .   .

.   .   .   .

L'AGONIE. 289

. . . .

. . . .

— Que demandez-vous, dit-elle à Jonathas qui, épouvanté des cris, se présenta et voulut lui arracher le cadavre sur lequel elle s'était accroupie dans un coin.—Il est à moi!...je l'ai tué!... Ne l'avais-je pas prédit?...

Pauline riait, et ses yeux étaient secs.

CONCLUSION.

— Et Pauline?...

— Ah! Pauline!...

Êtes-vous quelquefois resté, par une douce soirée d'hiver, devant votre foyer domestique, voluptueusement livré à des souvenirs d'amour ou de jeunesse, contemplant les rayures produites par le feu, sur un morceau de chêne?...

Fantasque, tantôt la combustion y dessine les cases rouges d'un damier, tantôt elle y miroite des velours; puis, tout à coup, de petites flammes bleues courent, bondissent, jouent sur le fond ardent du brasier...

292 CONCLUSION.

Vient un peintre inconnu, il se sert de cette flamme; et, par un artifice unique, au sein de ces teintes violettes, empourprées et flamboyantes, il trace une figure supernaturelle et d'une délicatesse inouïe.... phénomène fugitif, que le hasard ne recommencera jamais!...

Oui!... C'est une femme aux cheveux emportés par le vent, et dont le profil respire une passion délicieuse!.... C'est du feu, dans le feu! — Elle sourit... — elle expire!...

Vous ne la reverrez plus!... Adieu fleur de la flamme, adieu principe incomplet, inattendu, venu trop tôt ou trop tard pour être quelque diamant pur. . . . .

. . . .

. . . .

. . . .

Place! place! [Elle arrive! La voici la reine des illusions! La femme qui passe comme un baiser, la femme vive comme un éclair, comme lui jaillie du ciel et brûlante, l'être incréé, tout esprit, tout amour. Elle a revêtu je ne sais quel corps de la flamme; ou, pour elle, la flamme s'est un moment animée!... Les lignes de ses formes sont d'une pureté désespérante. Elle vient du ciel sans doute?... Ne resplendit-

CONCLUSION.

elle pas comme un ange?... Et n'entendez-vous pas le frémissement aérien de ses ailes? Plus légère que l'oiseau, elle s'abat près de vous, et ses terribles yeux fascinent. Sa douce et puissante haleine attire vos lèvres par une force magique; mais elle fuit et vous entraîne, et vous ne sentez plus la terre!.... Vous voulez passer une seule fois votre main chatouillée, votre main fanatisée sur ce corps de neige, froisser ces cheveux d'or, baiser ces yeux étincelans. Une vapeur vous enivre, une musique enchanteresse vous charme... Vous tressaillez de tous vos nerfs, vous êtes tout désir, toute souffrance... O bonheur sans nom!.... Vous avez touché les lèvres de cette femme!... Tout à coup une atroce douleur vous réveille!....

— Ah! ah! votre tête a porté sur l'angle de votre lit!... Vous en avez embrassé l'acajou brun, les dorures froides, quelque bronze, un amour en cuivre!...

. . . .
. . . .
. . . .
. . . .

Par une belle matinée, en partant de Tours, un jeune homme embarqué sur *la Ville d'Angers*, tenant en sa main la main d'une jolie femme, admira long-temps, au dessus des larges eaux de la Loire, une figure ravissante et blanche, artificiellement éclose au sein du brouillard comme un fruit des eaux et du soleil, des nuées et de l'air ; sylphide, ondine tour à tour ; mais les pieds agiles et voltigeant dans les airs comme un mot vainement cherché, qui est dans la pensée sans se laisser saisir.... L'inconnue était entre deux îles, elle agitait sa tête à travers des peupliers ; puis, devenue longue et gigantesque, elle faisait resplendir les mille plis de sa robe, ou briller l'auréole décrite par le soleil autour de son visage. Elle planait sur les hameaux, sur les collines les plus voisines, et semblait défendre au bateau à vapeur de passer devant le château d'Ussé. Vous eussiez dit la Dame des Belles Cousines protégeant son pays. . . . .

. . . .

— Bien, je comprends ! Mais Fœdora?...

— Oh! Fœdora!... Vous la rencontrerez!...

Elle était hier aux Bouffons, elle ira ce soir à l'Opéra!...

MORALITÉ.

FRANÇOIS RABELAIS, docte et prude homme,
bon Tourangeau, Chinonais de plus, a dit :

*Les Thélemites estre grands mesnagiers de
leur peau et sobres de chagrins.*

Admirable maxime ! Insouciante ! — Égoïste !
— Morale éternelle !...

Le Pantagruel fut fait pour elle ; ou, elle,
pour le Pantagruel.

L'auteur mérite d'être grandement vitupéré
pour avoir osé mener un corbillard sans saulce,
ni jambons, ni vin, ni paillardise, par les
joyeux chemins de maître Alcofribas, le plus

CONCLUSION.

terrible des dériseurs, lui, dont l'immortelle satire avait déjà pris, comme dans une serre, l'avenir et le passé de l'homme.

Mais cet ouvrage est la plus humble de toutes les pierres apportées pour le piédestal de sa statue par un pauvre Lanternois du doux pays de Touraine.

FIN.

PUBLICATIONS NOUVELLES.

LE DERNIER BANQUET DES GIRONDINS. *Études historiques*, suivies de *recherches sur l'Éloquence révolutionnaire*, par *Charles Nodier*, formant le tome 8 de ses œuvres.

HISTOIRE DES TREIZE, par *De Balzac*. 1 vol. in-18.

LES CENT-ET-UNE NOUVELLES NOUVELLES DES CENT-ET-UN. 6 à 8 vol. grand in-18.

LES SEPT PÉCHÉS CAPITAUX, par *Michel Raymond*. 2 vol. in-18.

CHRONIQUES IMPÉRIALES, par *A. Barginet* (de Grenoble). 1 vol. in-18.

SCÈNES DE LA VIE MILITAIRE, pour faire suite au *Lit de Camp*, par l'auteur *Della Prima Donna et le Garçon Boucher*. 2 vol. in-18.

THOMAS MORUS, lord chancelier du royaume d'Angleterre au 16e siècle, par madame *la princesse de Craon*. 2 vol. in-18.

LES CONTES DE L'ATELIER, pour faire suite à *Daniel le Lapidaire*, par *Michel Masson* (*Michel Raymond*). 2 vol. in-18.

LE MOUSSE, par madame *Augusta Kernoc* (*Romieu*). 1 vol. in-18.

UN SPECTACLE DANS UN FAUTEUIL, par *Alfred de Musset*. 1 vol. in-18.

LE LIVRE DES CONTEURS, par *Ancelot, Eugène Sue, De Balzac, Saintine, Janin, Michel Raymond, Jal*, etc. 3 à 4 vol. in-18.

PHYSIOLOGIE DU RIDICULE, par madame *Sophie Gay*. 1 vol. in-18.

LIBRAIRIE DE J. P. MELINE.

CPSIA information can be obtained
at www.ICGtesting.com
Printed in the USA
BVHW042142250720
584679BV00006B/377